Alfred Lichtwark

Deutsche Königsstädte

Berlin, Potsdam, Dresden, München, Stuttgart

Alfred Lichtwark

Deutsche Königsstädte
Berlin, Potsdam, Dresden, München, Stuttgart

ISBN/EAN: 9783743614802

Hergestellt in Europa, USA, Kanada, Australien, Japan

Cover: Foto ©Andreas Hilbeck / pixelio.de

Manufactured and distributed by brebook publishing software
(www.brebook.com)

Alfred Lichtwark

Deutsche Königsstädte

ALFRED LICHTWARK

DEUTSCHE KÖNIGSSTÄDTE

BERLIN-POTSDAM

DRESDEN – MÜNCHEN – STUTTGART

DRESDEN

VERLAG VON GERHARD KÜHTMANN

1898

Druck von Fischer & Wittig in Leipzig.

GEORG FREIHERRN VON OMPTEDA

IN FREUNDSCHAFT

GEWIDMET

INHALTSVERZEICHNIS

VORWORT

Gleich den übrigen in Einzelausgaben erschei-
nenden Essays des Verfassers sind die Städtestudien
aus seiner praktischen Thätigkeit hervorgegangen.
Sie bieten eine kurze Inhaltsangabe der Vorträge
über Reisevorbereitung und Reiseziele, die er an
der Kunsthalle, in Hamburgischen Vereinen und
Gesellschaften gehalten hat. Zuerst erschienen sie
in der Zeitschrift „Pan". Nur der Abschnitt über
Stuttgart stammt aus einer anderen Quelle, den für
die Kreise der Kunsthalle als Manuskript gedruckten
Briefen an den Vorsitzenden der Kommission für
die Verwaltung der Kunsthalle, Herrn Senator
Möring (Bd. III, 1897).

Bei jeder Stadt ist für die Betrachtung ein an-
derer Standpunkt gewählt.

Das der behandelte Stoff sich, systematisch ge-
gliedert, zu einem Handbuch hätte zusammenfassen
lassen, versteht sich von selbst. Doch erschien
dies dem Verfasser der weniger anregende Weg
der Mitteilung.

Den reichen Stoff nach irgend einer Richtung zu erschöpfen lag ebensowenig in der Absicht. Die Essays sind für den Gebildeten bestimmt, der an seiner künstlerischen Erziehung — im weitesten Sinne des Wortes — arbeitet.

Während der erste Teil der Städtestudien, die „Königsstädte", den Organismus des eigenartigen Typus der deutschen Fürstenstadt und die Kulturkräfte behandelt, die darin an der Arbeit waren und sind, versucht der zweite Teil: „Hamburg-Niedersachsen" einen Typus der reinen Bürgerstadt zu schildern.

A. L.

BERLIN

Was wir Stadt nennen, ist die sichtbare Hülle eines im letzten Grunde unsichtbaren Lebewesens, der Stadtgemeinde. Die Struktur der Stadt ist über diesen Körper gemodelt, wie die des Schneckenhauses über den seiner Bewohnerin. Aber da die Stadtgemeinde, ein langlebiges Wesen, im Laufe ihres nach Jahrhunderten oder wohl gar nach Jahrtausenden zählenden Daseins unter Umständen mehrfache und tiefgreifende Wandlungen durchmacht, die jedesmal eine Veränderung der Kruste nach sich ziehen, so bieten nur wenige bedeutende Städte das Bild eines reinen Typus.

Aus einer Bürgerstadt mit ihrem Rathaus als Sitz der Stadthäupter und dem Rathausmarkt als Versammlungsort der stimmfähigen Bürger kann eine Fürstenstadt werden, deren neuen Mittelpunkt Palast und Garten des Herrschers ausmachen. Wo der Fürst die Stadt begründet hat, etwa der Bischof, dessen Palast und Dom das erste Centrum bildete, da pflegt das im Schutz des Herrschers erstarkte Bürgertum ein Nebencentrum mit Rathaus und Bürgerkirche zu schaffen, und es hängt von der ferneren Entwickelung der Kräfte ab, ob Beide sich behaupten, ob der Bischof der Stärkere bleibt, wie in Würzburg, ob die Bürgerschaft alle Macht an sich reisst und behauptet, wie in Lübeck, oder ob, wie in Hildesheim, im Wechsel der Zeiten bald der Bischof, bald der Bürger die Vorherrschaft gewinnt. Was immer geschehen mag, drückt sich im Stadtbilde aus.

Wenn sich, wie vielerorten in unseren Tagen, der straffe Organismus der alten Stadtgemeinde in eine amorphe Masse lose verbundener Zellen auflöst, dann verliert auch das Äussere der Stadt an Geschlossenheit. Charakter haben die grösseren Städte meist nur im Centrum, und wenn ihr Name genannt wird, so tritt das Bild dieses alten Stadtkernes vor die Seele. Die weitläufigen Vorstädte sind wie ein loses Gewand um diese lebendigen Glieder gelegt.

Auch Berlin hat die typischen Wandlungen von der Bürgerstadt zur Fürstenstadt durchgemacht. Was es ist, lässt sich am Besten durch einen Blick auf das Wesen der gewaltigen Stadt erkennen, als deren Rivalin auf dem Kontinent es dasteht.

Berlin und Paris! Paris, die alte Kulturgebärerin, zu dessen gewaltigsten Bauwerken heute noch die Reste eines römischen Kaiserpalastes gehören, das seit dem Aufblühen des gotischen Stils in Architektur, Malerei, Skulptur, Litteratur und Wissenschaft Europa mit neuen Ideen gespeist hat, die einzige moderne Stadt, die es im Sinne der antiken Anschauung ist, alle Lebenskraft des ganzen Landes

an sich saugend und ausströmend — und Berlin,
die junge, schnell aufgeschossene Riesin, bis in
unser Jahrhundert ohne wirkendes Lebensprincip
ausser dem Fürsten, der es sich zur Residenz geschaffen, eine Baumschule der Kultur, die an die
Fürsorge der Hohenzollern gebunden war, und seit
wenigen Jahrzehnten nunmehr das gewaltigste in-
dustrielle Centrum Mitteleuropas, aber trotz allen
Reichtums, aller Macht, aller Intelligenz, in seiner
Kultur, von der Wissenschaft abgesehen, immer noch
mehr empfangend als spendend.

Obgleich Paris eine natürliche, gewachsene Stadt
und Berlin bis in dieses Jahrhundert hinein eher
eine künstliche, gegründete war, sind doch die wesentlichen Züge, die die Gestaltung des Stadtbildes
bedingt haben, bei beiden identisch. Beide waren
im Laufe ihrer Entwickelung abwechselnd Bürger-
städte und Fürstenstädte, und beide verdanken die
charakteristischen Züge in ihrem Antlitz den fürstlichen Bauherren.

*

Was ist Paris? Nicht die Cité, die alte Bürgerstadt, die von den Fremden als ein kurioser Rest
der Vergangenheit mit einem flüchtigen Besuche
abgethan wird, sondern der Trakt vom Louvre durch
den Tuileriengarten über die Place de la Concorde
und die Avenue des Champs Elysées bis zum Arc

de l'Étoile hinauf. Mag das Leben auch noch über die Boulevards fluten, Paris liegt hier.

Dieses Centrum von Paris, weiträumig und gross angelegt, wie es keine andere Stadt der Welt besitzt, wurde nicht zur Zeit des alten Bürgertums oder der modernen Bourgeoisie erdacht und ausgeführt. Beide kennen das Bedürfnis nach Weiträumigkeit und Grösse uud Monumentalität der Stadtanlage nicht von Hause aus, beide sind zu ängstliche und zu kurzsichtige Rechner. Eine Anlage wie dieser Kern von Paris würde heute selbst bei gutem Willen und ernstem Wunsch allein in Rücksicht auf die Mittel unausführbar sein.

Es bedurfte der Episode fürstlicher Kultur, um so Grosses zu planen und auszuführen.

Paris ist heute gebaut, als läge der Park von Wilhelmshöhe mitten in einer Grossstadt. Denn dieses Centrum von Paris ist der alte Sommersitz der Könige mit seinen typischen Bestandteilen.

Der Ursprung der Anlage liegt im Louvre, einem Zwing-Paris, wie das Stadtschloss an der Spree ein Zwing-Berlin war.

Louvre und Stadtschloss liegen an der Stelle, die für die Anlage der Stadtburgen überall im Norden aufgesucht wird: an der Mauer oder im Zug der Mauer, damit der Fürst einen Fuss in der Stadt, einen im freien Lande habe.

Die Tuilerien waren das in mässiger Entfernung und gleichsam noch im Schutz des Louvre angelegte Sommerschloss.

Jahrhunderte vergingen, ehe Louvre und Tuilerien zu dem gewaltigen Schlosskomplex vereinigt wurden, dem schliesslich, als der Traum vieler Geschlechter unter Napoleon III sich erfüllt hatte, ein so kurzes Dasein beschieden war.

Aber sind auch die Tuilerien zerstört, der Garten ist erhalten, und über den angrenzenden Wildpark, die Champs Elysées, hinaus erstreckt sich bis zur Höhe des Arc de l'Etoile die Perspektive, die Avenue des Champs Elysées, die den landschaftlichen Hintergrund in die Machtsphäre des Schlosses zog. Wo auf der Höhe der Triumphbogen gegen den Himmel ragt, hätte die phantastische Architektur eines Wasserschlosses sich erheben und seine Kaskaden die Avenue des Champs Élysées heruntersenden sollen. Aber zur Ausführung einer solchen Idee in dem hier erforderlichen Maassstabe fehlte selbst dem König von Frankreich die Macht.

Wenn man heute fragt: Was ist Paris? so hat die Antwort zu lauten: ein Königsgarten. Denn auch für den weiteren Aufbau des modernen Paris hat die Gewöhnung an die Monumentalität des Centrums und an die Kunstgesetze des architektonischen Gartens die Bahnen gewiesen. Was Paris vor allen anderen modernen Grossstädten auszeichnet: Wunsch und Wille, bei Neuanlagen grosse Raumbilder mit festen Mittelpunkten zu schaffen, für neue Monumente umsichtig die Plätze zu suchen und sie nicht irgendwo, wo es gerade bequem ist, gleichgültig unterzubringen, bei neuen Strassenanlagen die

Lichtwark, Deutsche Königsstädte.   2

bedeutenden Bauwerke in neue Perspektiven zu rücken, stammen aus der Vertrautheit mit den Kunstgesetzen her, nach denen das Centrum angelegt ist. Wo in der Anlage einer modernen Bürgerstadt ein grosser Zug waltet, da pflegt ein günstiger Zufall mitgewirkt zu haben. Typisch ist die Verwertung der niedergelegten Wälle zu grossartigen Promenaden, wenn auch hier das kleinliche, pfennigfuchsende Wesen des Bürgertums manches Grosse, das in der Möglichkeit lag, verpfuscht hat. Selbst im modernen Paris bedurfte es noch einmal eines Fürsten wie Napoleon III., um einen grossen Zug in die notwendigen Durchbrüche zu bringen und der nachfolgenden Republik das Vorbild für die Stadtregulierung hinzustellen.

※

Innerhalb der durch die grundverschiedenen Bedingungen gegebenen Grenzen ging die Entwickelung Berlins ganz ähnliche Wege.

Den Mittelpunkt der heutigen Reichshauptstadt bildet das Königsschloss. Auch dieses war in seiner ältesten Gestalt eine Zwingburg, und es wurde später zum weiträumigen Fürstensitz ausgebaut. Als der Fürst unbestrittener Herr im Lande war, erweiterte es sich zu dem gewaltigsten Monument des Staates, welches das Winterschloss des Louvre und das Sommerhaus der Tuilerien zugleich in sich fasste.

Nach Norden wurde der Lustgarten angelegt,
der, obwohl schon längst ein öffentlicher Schmuck-
platz geworden und völlig umgestaltet, den alten
Namen noch behalten hat. Eigentlich hätte nun in
der Achse von Schinkels Museum der Wildpark
liegen und die Perspektive einer Riesenallee über
die Spree hinausgeführt werden müssen. Doch erhielt, den Bedingungen des Ortes entsprechend, die
Anlage einen Knick. Die Perspektive, die Strasse
Unter den Linden, geht im Winkel vom Schloss
ab in den Tiergarten und durchschneidet als Charlottenburger Chaussee den mächtigen Park in seiner
ganzen Länge. Bei günstigerem Terrain hätte das
Schloss zu Charlottenburg den weithin sichtbaren
Abschluss bilden müssen.

Schloss, Lustgarten, Linden, Tiergarten, das
ist heute Berlin, genau wie in Paris Louvre-Tuile-
rien, Tuileriengarten, Champs Élysées, Avenue de
l'Arc de l'Étoile, Königsschloss und Königsgarten.
Hätte sich Berlin als Bürgerstadt aufgebaut, diese
breite Basis der räumlichen Entwickelung wäre ihm
versagt geblieben.

*

Und unser Jahrhundert hat nicht einmal gewagt,
die historisch gegebenen Grundlagen folgerichtig
auszubauen.

Noch immer tritt man von der Monumentalanlage des Pariser Platzes durch das Brandenburger Thor unmittelbar in die freie Wildnis des Tiergartens.

Die Scheu, ein Stück freier Natur und ein Stück des Baumbestandes zu opfern, führte zur Anlage des Königsplatzes ausserhalb des grossen Linienzuges. Zum zweitenmal wurde der monumentale Zug des Grundplans von Berlin abgebrochen.

Es war ein gesundes Gefühl, dass mehr als eine der Konkurrenzen um das Denkmal Kaiser Wilhelms ein Wilhelmsforum in der Achse der Charlottenburger Chaussee vorschlug.

Dass der Königsplatz aus dem Zusammenhange der grossen Perspektive gerissen ist, entzieht ihm dauernd den Pulsschlag des hauptstädtischen Lebens. Wallot hat recht, wenn er ihn als einen geschlossenen, stillen Park auf das Reichstagsgebäude beziehen will. Das würde eine behagliche Zufluchtsstätte für Ruhesuchende ergeben, einen Gartensaal grossen Stils.

Vielleicht dass eine spätere Generation die Idee eines Forums im Tiergarten wieder aufnimmt und zur Ausführung bringt.

*

So nahe verwandt in seinen Grundzügen das Entwickelungsschema der beiden Hauptstädte des Festlandes sich aufbaut, so grundverschieden ist das Leben, dessen Hülle sie sind.

Berlin war im Gegensatz zu Paris lange eine künstliche Stadt. Der kräftige Bildungstrieb des mittelalterlichen Bürgertums, an das die gotischen Kirchen des heutigen Centrums noch heute gemahnen, wurde von den Fürsten gehemmt. Sie kamen aus der Fremde und brachten eine höhere Kultur mit. Die Ansätze heimischer Bildung hielten dieser nicht stand, und die Fürsten, die bis zur französischen Revolution die Kunst als Ausdrucksmittel ihrer Macht nötig hatten, waren gezwungen, Samen und Pflänzlinge aus fernen Kulturregionen zu beziehen. Dies geschah seit dem Grossen Kurfürsten in steigendem Maasse. Ganz Europa wurde in Kontribution gesetzt. Unter dem Grossen Kurfürsten herrschte der holländische Einfluss vor, wie dies der politischen und kulturellen Vormachtstellung der Seestaaten, sowie den politischen und verwandtschaftlichen Beziehungen der Hohenzollern entsprach. Der erste König war Eklektiker. Zu Holland traten Italien, die Handelsemporien der Ostsee, die süddeutschen Kulturstädte und Frankreich. Sein Nachfolger wandte sich, soweit er seinen nicht gewöhnlichen Kunstsinn zu bethätigen gut fand, wieder holländischem Wesen zu, während Friedrich der Grosse in seinen Palästen und Innendekorationen vorwiegend französische Gedanken nach Berlin verpflanzte, wie dies nicht nur seinen persönlichen Neigungen, sondern auch der Weltstellung der französischen Kultur entsprach.

Von ihm ab ist Berlin ohne Potsdam nicht mehr verständlich, denn in Potsdam zogen er und seine Nachfolger die fremden Ideen in Reinkultur. Hier drang, als England am Ende des vergangenen Jahrhunderts die Kultur Europas zu beherrschen begann, der englische Einfluss siegreich vor mit der Ruinenromantik der Pfaueninsel. In Babelsberg, mit seinem englischen Park und dem Landschloss in englischer Gotik, fand diese Phase ihren Abschluss. Zur selben Zeit hatte die romantische Stimmung verstehen gelernt, was jemals in der Welt an Kunst geschaffen war, und Friedrich Wilhelm IV. machte aus Berlin und Potsdam einen steinernen Atlas der Kunstgeschichte. Moscheen und frühchristliche Kirchen spiegeln sich in den märkischen Seen, italianisierende Palastfassaden krönen die Berge, pompejanische Häuschen erheben sich im Schatten des märkischen Waldes, sicilianische Gärten umfangen unvermutet den Wanderer mitten in nordischer Landschaft, und russische Kapellen grüssen von den Waldhügeln. Kaiser Wilhelm I. hatte in Babelsberg seinem innigen Naturgefühl Ausdruck gegeben, seinem Nachfolger war es nicht vergönnt, sich in das Kulturgeschichtsbuch von Potsdam einzutragen. Kaiser Wilhelm II. baute die Matrosenstation im Stile der norwegischen Holzarchitektur um.

Dieser Zug, ausländische Kräfte, ausländische Ideen heranzuziehen und dienstbar zu machen, ist allen ausseritalienischen Fürsten von Spanien bis Russland gemeinsam. Selbst die französischen Könige machen keine Ausnahme. Die Monumentalität der Anlage von Paris stammt nicht aus der bürgerlichen Kultur Frankreichs, sie ist ein italienischer Sämling, von einer Königin aus dem Hause der Medici in den Boden gesenkt und auf neuem Boden zu mächtiger Entwickelung gekommen. Vom sechzehnten bis zum achtzehnten Jahrhundert ist die Zahl der Italiener, Niederländer und Deutschen, die in Kunst und Industrie der Pariser Entwickelung neue Impulse gegeben, Legion, während in unserem bürgerlichen Jahrhundert die Ausländer, die in Paris arbeiten, nicht bringende und zeugende, sondern empfangende und ausführende Kräfte gewesen sind. —

So ist Potsdam, wo die Hohenzollern schaffen konnten, ohne durch eine aufstrebende Stadt behindert zu sein, ein noch klareres Spiegelbild der Kultur und der Neigungen jedes einzelnen Herrschers geworden, als Berlin.

Aber auch hier trägt selbst die moderne Bürgerstadt um den Kern des Fürstensitzes herum den Stempel, den sie ihr aufgedrückt haben. Die Friedrichs- und Dorotheenstadt sind künstliche Gebilde, das lehrt ein Blick auf die regelmässige Strassenanlage, das war vor zwei Jahrzehnten noch überall an den alten Fassaden zu erkennen, die, aus den Mitteln der königlichen Schatulle bezahlt, wie Theaterdekorationen die Kahlheit und Armseligkeit des „Hinter den Kulissen" verbargen.

Und wie in Paris erst die Bevölkerung unseres Jahrhunderts, vermehrt durch Genusssuchende der

ganzen Welt, den ungeheuren Rahmen wirklich aus-
füllt, mit dem der König das Leben seines Hofes
umschlossen hatte, so hat erst unsere Zeit die grossartig angelegte leere Kleinstadt, die Berlin noch
unter Friedrich Wilhelm III. war, mit dem wogenden
Leben des Bürgertums erfüllt, das die fürstlichen
Erbauer der Stadt nicht haben ahnen können.

*

Ein Element hat Berlin von je gefehlt, das in
Paris, London, Wien und dem nur als Sitz des
Kaisertums verständlichen Prag eine gewaltige Rolle
spielte und in grossartigen Palastanlagen seinen
Ausdruck fand: ein reicher Hochadel.

Was wäre Berlin, wenn es sich seit Jahrhunderten
als deutsche Reichshauptstadt entwickelt hätte, wenn
die Fürsten des Reichs in der Hauptstadt um das
Schloss des Kaisers ihre Paläste errichtet hätten!

Wenige Palastanlagen in der Wilhelmstrasse, jetzt
wohl sämtlich von den Familien ihrer Erbauer
aufgegeben, vertreten den Typus, der Wien, Rom
und London noch heute den grossen Zug aristokratischen Lebens verleiht.

Der Fürst stand in Berlin ganz allein. Er war
Jahrhunderte hindurch eins und alles. Der wenig
begüterte, wenn nicht arme Adel des Landes wurde
in seiner Hand als Offizier und Beamter zum Diener
des Staates.

Seit wenigen Jahrzehnten — alle Entwickelung geht rasch — hat sich jetzt neben ihm die neue Macht des Bürgertums erhoben. Es hat die Früchte jahrhundertlanger Arbeit des Fürstenhauses und seiner weitschauenden Politik geerntet.

Der König ist heute nicht mehr, wie vor einem Jahrhundert, der einzige Träger der Kultur.

Aber das Bürgertum hat noch alle Alluren des Emporkömmlings. Man braucht drei Generationen, um einen Gentleman zu erzeugen, sagt der Engländer.

Die gewaltigen Leistungen Berlins auf technischem, industriellem und wissenschaftlichem Gebiet springen überall in die Augen. Ein starker Wille spricht sich in den Linien des Bebauungsplanes und in der vorsorglichen Anlage einer Kette grosser Parks (nach dem Vorbilde des Tiergartens) aus. Selbst Neid und böser Wille können das alles nicht übersehen.

Aber eine Kulturmacht im Sinne von Paris ist Berlin noch nicht geworden. Noch hat es keine Litteratur erzeugt, die dem Ausland neue Bahnen gewiesen, noch baut sich seine hohe und seine dekorative Kunst wesentlich auf Anregungen von aussen und aus früheren Epochen auf. Eine Erscheinung wie Menzel steht allein und ist ohne tieferen Einfluss geblieben.

Alle materiellen Vorbedingungen zu grossen Kulturleistungen sind nun vorhanden. Talente giebt es immer, ihre Entwickelung aber hängt ab von der Umgebung, in der sie schaffen.

Solange das Bürgertum sich nicht in den Besitz eigener und tiefer Kultur und künstlerischer Bildung setzt, wird es das Erbe des Fürstentums nur in dem Bruchstück des Materiellen inne haben. Denn zum Regieren gehört die Fähigkeit, Qualitäten zu erkennen. Herrscher wie Friedrich und Napoleon sind nicht nur gross durch ihre eigenen Leistungen, sondern durch die Gabe, alles Grosse in freudige Dienstbarkeit zu zwingen. Nicht durch kritische Erkenntnis und Betonung der Fehler und Mängel haben sie sich die Hingebung Tausender erzwungen, sondern durch die Gabe, das Leistungsvermögen werdender Kräfte zu erkennen und ihm entsprechende Aufgaben zuzuerteilen.

Wenn das Bürgertum sich als Förderer der Kultur entwickeln will, was bei der Stellung, die es einnimmt, seine historische Pflicht und Schuldigkeit ist, so muss es diese hohe Regententugend erwerben. Sonst wird es auch ferner, wie bisher, eine Hemmung und ein Hindernis für die Entwickelung eigenartiger Talente und des Genies bilden.

DECENTRALISATION DER STADT-VERWALTUNG

Es wäre für weitere Kreise in Berlin sehr lehrreich, wenn wir einmal eine eingehende Studie über das Gemeindeleben der einzelnen Arrondissements von Paris erhielten — vorausgesetzt, dass ein solche Arbeit nicht schon existiert. Dem Fremden in Paris fallen bei seinen Wanderungen die oft höchst reizvollen Mairien der einzelnen kleinen Stadtgemeinden auf. Jedes dieser Bauwerke macht den lebendigen Eindruck des Rathauses einer kleinen Stadt. Hochzeitsgesellschaften fahren vor, geschäftige Menschen aller Klassen strömen ein und aus, oft sieht man abends die Fensterreihen festlich von Licht strahlen.

Auf den Ausstellungen erscheinen Skulpturen und Wandgemälde mit dem Vermerk: für die und die Mairie bestimmt. Und wer die Stadt kennt, findet unschwer heraus, dass diese Gemälde zum Geschäfts- oder zum Erwerbsleben der Bewohner der Mairie Beziehung haben.

Unwillkürlich fragt man sich, ob ein geschlossenes Gemeindeleben diesem schönen Schein entspricht. Äusserlich spricht der Eindruck dafür, dass im Gegensatz zur straffen Centralisation des ganzen Landes die Stadtverwaltung von Paris weit stärker als in Berlin decentralisiert sei. Dass dies ein für die formlose Masse der Grossstadt überaus wünschenswerter Zustand wäre, liegt auf der Hand. Wer übersieht die Interessen von ganz Berlin? Wer fühlt den Drang, dafür einzutreten? Doch kann man sich sehr wohl vorstellen, dass es einen nicht kühl lassen würde, an der Verwaltung und Ausgestaltung des Viertels, in dem man wohnt, selbst unter Opfern mitzuarbeiten.

DENKMÄLER

Bis zum Ende des vergangenen Jahrhunderts gab es, von Heiligenbildern und Brunnen abgesehen, in den Städten Europas nur sehr wenige Denkmäler auf Strassen und Plätzen, eigentlich gar keine anderen als die Reiterstandbilder von Fürsten, und auch diese waren selten und stammten meist aus dem siebzehnten und achtzehnten Jahrhundert.

Das ist ein tiefer Gegensatz zu den Städten des Altertums und unserer Epoche. Allein an dem steinernen und erzenen Volk, das unsere Strassen bewohnt, liesse sich erweisen, dass mit dem Anfang unseres Jahrhunderts eine neue Ordnung der Dinge eingetreten ist.

In dem langen Zeitraum zwischen dem Untergange Roms und der französischen Revolution hatte die Sitte, Denkmäler zu errichten, freilich nicht aufgehört, aber man muss sie nicht unter freiem Himmel, sondern im Innenraum, höchstens auf dem Friedhof suchen. Das Denkmal war Grabmal oder Kenotaphium geworden. Von Rom bis Upsala

sind alle Kirchen, Kreuzgänge, Rathäuser voll davon. Die meisten sind als Wand- oder Pfeiler-
dekorationen behandelt. Nur für die höchsten geist-
lichen und weltlichen Fürsten wurde das freistehende
Grabmal mit reichem Baldachinaufbau angewandt.
Unser Jahrhundert hat diese Formen so gut
wie gänzlich aufgegeben. Fast nur die Fürsten
haben an dem Grabmal in ihren Familiengrüften
festgehalten.

Es ist jammerschade, dass das Denkmal den
Innenraum verlassen hat, wo es sich einem gegebenen Ganzen einzuordnen hatte, wo es auf eine
gleichmässige Beleuchtung und auf einen mensch-
lichen Standpunkt berechnet werden musste, wo es
auch nicht ins Ungemessene wachsen konnte, weil
der Raum ihm bestimmte Grenzen setzte, und wo
der Beschauer schliesslich Ruhe und Sammlung vor-
fand und nicht erst mühselig in sich zu erzeugen
brauchte.

Man denke sich die Denkmäler der Kirchen
Lübecks oder Venedigs über die Strassen und
Plätze verteilt, es müsste den Bewohnern den Aufenthalt verleiden. Venedig verdankt das Reiterdenk-
mal des Colleoni einem Zufall, und man hat sich
gehütet, es auf den Markusplatz zu stellen. Aber
gerade derartige Aufstellungen, die man früher vermieden hat, sind typisch für den unmonumentalen
Sinn unseres Jahrhunderts. Wir pflegen die Städte,
die nur wenige öffentliche Denkmäler haben, zu
bemitleiden. Beneiden sollten wir sie.

Camillo Sitte hat uns in seinem köstlichen Buch an die Gesetze erinnert, nach denen die wenigen öffentlichen Denkmäler älterer Zeit aufgestellt waren. Bisher haben seine Ermahnungen noch nicht viel genützt. Ist es zu stark aufgetragen, wenn man behauptet, dass fünfundsiebzig Prozent aller unserer Denkmäler, von ihrer durchgehenden inneren Belanglosigkeit abgesehen, schlecht aufgestellt oder für ihren Platz zu gross sind? Das Unverständlichste dürfte die Aufstellung des für Berlin geplanten Bismarckdenkmals sein, das allen Ernstes für die Mittelpartie der grossen Freitreppe des Reichstags bestimmt scheint.

*

Die Art, wie wir unsere Denkmäler im Freien aufstellen, hat unsere Plastik aus den Fugen gebracht.

Zunächst war man gar nicht gewahr geworden, dass man in den neuen Stadtanlagen über Plätze, wo Denkmäler monumental wirken konnten, nicht verfügte. Dann wurde es unvermeidlich, dass man die Massstäbe fast allgemein zu gross wählte.

Und da es in jeder Stadt eine grössere Anzahl von grossen Denkmälern zu geben pflegte, die Privatpersonen oder Bürgern von Bürgern errichtet waren, so musste das Fürstendenkmal, um sich zu behaupten und hervorzuheben, ins Kolossale wachsen.

Das siebzehnte und achtzehnte Jahrhundert hatte sich für das Fürstendenkmal in der Regel mit einem Reiterstandbild auf niedrigem Sockel begnügt. Selbst das Denkmal Ludwigs XIV. würde heute für einen mächtigen König nicht ausreichend befunden werden. Da dem Massstab der Reiterstatue, wenn sie nicht alles erdrücken soll, Grenzen gesetzt sind, wurde der Sockel erhöht und — nicht ohne Einfluss der Ideen, aus denen das Historienbild erwachsen ist — reich mit Figuren geschmückt, nicht selten noch wieder mit Reiterstandbildern. Und um der Fürstengestalt eine dominierende Wirkung zu sichern, wurde schlankweg ein differenziierter Massstab eingeführt. Bei dem Denkmal der Maria Theresia in Wien erscheinen die Reiterstatuen am Sockel gegen die in ungeheurer Grösse thronende Kaiserin wie Kinderspielzeug.

Monumentaler Sinn, der dagegen reagiert hätte, war nicht vorhanden, denn auch die Architektur hatte den Massstab verloren. An derselben Fassade erschienen Kolossalgestalten und Nippfiguren dicht nebeneinander, und in demselben Stockwerk wechselten Karyatiden mit Säulen von derselben Höhe als Träger ab.

Wir sind an dergleichen Erscheinungen so sehr gewöhnt, dass sie uns gar nicht mehr auffallen. Und unsere Künstler verteidigen die Berechtigung der verschiedenen Massstäbe nebeneinander in vollstem Ernst, Bildhauer sowohl wie Architekten. Ihre Gründe gehören — soweit ich mich habe unterrichten können, und ich habe viele Künstler befragt — zwei Kategorien an.

Für die Architektur beruft man sich auf die „Gesetze des dekorativen Stils". Es wäre durchaus in der Ordnung, wenn zum Beispiel an den bekannten grossen Portalen mit den Wappen der deutschen Königreiche im Reichstag die wappenhaltenden wilden Männer erheblich kleiner als das Wappen selbst gebildet würden, denn für grössere wäre kein Platz im Bogen über der Thür. Auch die riesenhafte Krone, die auf dem Wappen liegt, störe neben diesen kleinen Männern nicht, denn der Raum, den der Schild lässt, verlange diese Grösse. Ähnliche Gründe rechtfertigen es vollkommen, dass im Thürsturz desselben Portales die Kolossalmaske auf dem Schlusstein von zwei ganz kleinen Masken flankiert wird, und dass die Frauenfigur, die vor dem Wappen auf dem Schlussstein sitzt, und die beiden vor dem Thürrahmen auf ganz kurzen Säulen stehenden Gestalten den sechsten und siebenten Massstab in den Figurenschmuck des Portals bringen. Es handle sich eben um ein Werk dekorativen Stils, und in der Dekoration wären solche Massnahmen nicht nur erlaubt, sondern oft geboten.

Es braucht wohl nicht darauf hingewiesen zu werden, dass es solche „Gesetze des dekorativen Stils" gar nicht giebt, und dass diese Art der Begründung ein Cirkelschluss ist.

Für das Denkmal mit der überragenden Kolossalfigur in der Mitte und den kleinen und ganz kleinen Vollfiguren am Sockel oder in der Dekoration der Umgebung — Typen das Denkmal Friedrichs des Grossen in Berlin, das der Maria Theresia in Wien, das neue Kaiserdenkmal in Berlin — wird von Künstlern als Erklärung gegeben, man müsse sich dieses Massstabes bedienen, weil man nur dadurch die Hauptfigur nach ihrer Bedeutung hervorheben könnte.

Dieses Princip, das Bedeutende kolossal und das Untergeordnete daneben in kleinem Massstabe zu bilden, ist nicht neu. Wir kennen es aus dem Mittelalter und bis in die deutsche Renaissance hinein. So wurde die Madonna als Zuflucht der Menschheit gemalt, wie sie in Riesengrösse mitten unter der hilfeflehend auf den Knieen liegenden Schar winzig kleiner Menschlein steht und ihren breiten Mantel schützend über sie ausbreitet, und allbekannt sind die Bildnisdarstellungen mit dem grossen Bilde des Gekreuzigten in der Mitte und den in puppenhaften Verhältnissen links und rechts aufgereihten Bildnisfigürchen des Vaters mit den Söhnen und der Mutter mit den Töchtern.

*

Das Riesenwerk von Reinhold Begas, das in so unwahrscheinlich kurzer Zeit fertig gestellt wurde, geht nach seinem Inhalt nicht auf das Denkmal

Friedrichs des Grossen zurück, das ein Kompendium der Zeitgeschichte darstellt. Es führt vielmehr die Reihe der allegorisch-dekorativen Sockelbildungen der Denkmäler des Grossen Kurfürsten und der Könige Friedrich Wilhelm III. und Friedrich Wilhelm IV. weiter, alle drei in Mafsen und Massen gigantisch überbietend. Dass es im Princip nicht als Geschichtsbild aufgefasst wurde, scheint ziemlich allgemein Zustimmung zu finden. Es ist in der That kaum auszudenken, wie dieser Sockel und diese Säulenhalle mit der starren, wägbaren Historie statt mit der flüssigen, allgefügen Allegorie hätte dekoriert werden sollen. Niemand wird ernstlich wünschen, an Stelle der Viktorien, Löwen und Genien die Paladine des Helden und die grossen Männer der Kunst und Wissenschaft, durch deren Dasein das Zeitalter Wilhelms I. wie ein Hochgebirge am Horizont unserer Geschichte aufragen wird, als dekorativen Schmuck des Sockels und der Halle zu erblicken.

Soweit mir bekannt, hat die Wahl des Platzes nur ausnahmsweise einmal Zustimmung erfahren. Die Riesenfiguren des Denkmals drücken auf die Monumentalität des Schlosses. Der Hintergrund des sogenannten Roten Schlosses mit den unverschämten Reklameschriften und -bildern spottet gegen jedes Gefühl von Anstand: ein Wink für die Sicherung eines unantastbaren Hintergrundes in künftigen Fällen. Denn kein Platz ist für die

3*

schamlose Spektakelreklame geeigneter als der Hintergrund eines nationalen Denkmals. — Auf diesem Platz konnte das Kaiserdenkmal für keinen Standpunkt berechnet werden. Er bietet sich kaum eine Möglichkeit, einen Gesamteindruck zu erhalten, und der Ort, an dem der Beschauer sich mit Ruhe und Sammlung in das Werk vertiefen sollte, ist eine stark befahrene Strasse.

＊

In Bezug auf die Verhältnisse der Figuren zur Architektur und zu einander weicht das Kaiserdenkmal nicht von dem Herkommen ab.

Die Inkongruenz der Massstäbe beginnt mit dem Verhältnis der Figuren zu der Architektur.

Wenn man sich die Halle allein denkt, ist sie ein stattliches Bauwerk von der Art und den Grössenverhältnissen der Arkaden, die im vergangenen Jahrhundert die Zugänge zu den Berliner Brücken dekorierten. Als Abschluss der Perspektive eines mässig grossen architektonischen Gartens würde sie sehr gut wirken, wenn sich in ihrer Mitte an der Stelle des kolossalen Postaments ein Brunnenbecken befände. Dies müsste sich jedoch in seinen Schmuckformen sehr nahe an die Erde halten.

Als Hintergrund für das riesige Postament mit der kolossalen Reitergestalt des Kaisers würde die

Vorhalle des Pantheon nicht zu gross sein. Beim Kaiserdenkmal wird jedoch die niedliche Architektur durch die grossen Menschengestalten vollständig unterdrückt. Die Übermenschen, die am Sockel lagern, erscheinen grösser als die Säulen, und somit wirkt die Halle für einen Hintergrund ganz winzig, denn eine Säule muss doch wohl grösser sein als die menschliche Gestalt, die an demselben architektonischen Ensemble vorkommt. Für ein Gitter ist die Säulenhalle dann wieder zu hoch.

Ebenso widersprechend sind die Verhältnisse der Figuren untereinander.

Kommt man aus der Ferne, so stehen nebeneinander die ungeheure Gestalt des Kaisers und die in Wirklichkeit kolossalen, aber neben der Hauptfigur gesehen ganz kleinen Viktorien auf dem Siegeswagen, und ihre Rosse wirken zwergenhaft neben dem Reitpferd des Kaisers.

Der Figurenschmuck am Sockel weist viererlei erheblich verschiedene Massstäbe auf, fünferlei sogar, wenn man die Mittelfigur des Reliefs mitrechnet, die an der einen Seite sehr stark mitspricht.

Wieder andere Massstäbe treten an den unter sich sehr verschiedenen dekorativen Gestalten an der Säulenhalle auf.

Wollte man aus diesem Denkmal ein Gesetz für die Maasse des Figurenschmucks in einem architektonischen Gesamtwerk ableiten, so würde es heissen:

„Bilde jede einzelne Figur so gross, wie es für ihren Platz passt. Auf das Verhältnis zum Ganzen, auf die Verhältnisse der gleichzeitig sichtbaren Figuren zu einander, auf das Verhältnis von Mensch und Säule braucht keine Rücksicht genommen zu werden." Es wäre thöricht, wollte man für diesen Charakter des Denkmals den Urheber verantwortlich machen. Er hat sich der Freiheiten bedient, die die Architektur unserer Zeit dem Künstler gestattet, und die von Architekten und Bildhauern als theoretisch und praktisch zulässig verteidigt werden. Und sobald dieser Platz und diese Grundgestalt des Denkmals feststanden, über deren Verfehltheit die Meinungen wohl kaum auseinander gehen, konnte er kaum anders verfahren.

*

Es ist eine andere Frage, ob die kommende Generation die heute gültige Auffassung, von der sich Begas nicht entfernt hat, teilen wird. Und dies scheint mir weniger gewiss.

Vielleicht wird aber gerade das Werk von Reinhold Begas als Kulminationspunkt einer Entwickelungsreihe den Rückschlag herbeiführen helfen und den Städten, die ihre Kaiserdenkmäler noch zu errichten haben, nahe legen, nicht im Aufwand äusserer Mittel mit dem Nationaldenkmal vor dem

Stadtschloss in Berlin zu wetteifern, sondern bescheidenere und von grossen Künstlern als selbständige Kunstwerke höchster Gattung ausgebildete Reiterstatuen auf niedrige schlichte Sockel an sorgfältig ausgewählte Plätze zu stellen.

DAS DENKMAL DES GROSSEN KURFÜRSTEN

Nach Beendigung des Umbaues der Langen Brücke ist das grosse Werk Schlüters wieder enthüllt. Wer es früher nicht gekannt hat, vermag sich keine Vorstellung davon zu machen, wie sehr es verloren hat. Der Wirkung in der Ferne zuliebe wurde der Sockel stark erhöht. Die vier Gefangenen, die früher sehr niedrig sassen, so niedrig, dass hier und da unter einem Fuss oder einem Gewandstück der Steinfussboden ausgehöhlt war, bekamen einen erhöhten Sitz, so dass nicht alle mit den Füssen den Boden berühren. Bei der starken Bewegung der Glieder ist dadurch etwas Unruhiges, fast Zappeliges in sie hineingekommen, was sie früher nicht hatten. Nach der alten Anordnung blickte der Beschauer auf sie hinab, sie wanden sich am Boden; jetzt schweben sie in Augenhöhe vor ihm. Nötig war es nicht, die alte Intimität zu zerstören, denn die Sklaven sind bekanntlich nicht von Schlüter. Das Reiterstandbild ist dem Auge durch die Überhöhung des Sockels ferner gerückt. Der alte niedrige Sockel liess es aus der Nähe viel besser zur Geltung kommen. Sollte es nicht möglich sein, den alten Zustand wieder herzustellen? Es handelt sich doch um eines der herrlichsten Werke deutscher Kunst. Dem Gewinn gegenüber ist das Opfer gering.

DER OPERNPLATZ

Bei der Aufstellung des Kaiserin Augusta-Denkmals ist leider eins der architektonischen Kleinode Berlins, der Opernplatz, sehr zu Schaden gekommen. Die schöne Bibliothek Friedrichs des Grossen, den Verhältnissen nach noch immer eins der herrlichsten Bauwerke Berlins, die Seitenfassade des Opernhauses schliessen die Langseiten; die Hedwigskirche, die der Südostecke vorgelegt ist, giebt der strengen Regelmässigkeit des Platzes eine graziöse Bewegung. Wundervoll ist das Raumbild von der Hedwigskirche und von der Ecke der Behrenstrasse aus. Dann schliessen sich Opernplatz und Vorhof der Universität zu einem grossartigen Platz zusammen. Die frühere Anlage des Opernplatzes war freilich nicht danach angethan, die Schönheit augenfällig zu machen, denn der Fussgängerverkehr wurde in Diagonalen hinübergeleitet — wozu? Der freie Platz sollte, wo es irgend angeht, eine Rast abgeben, eine Insel, die der Verkehr umbranden mag. Der Fussgänger muss jeden Häuserblock umgehen. Es ist keine Zumutung, dass er seine Ungeduld bezähmen soll, um das Kunstwerk einer monumentalen Platzanlage zu ermöglichen. — Auch die Sitzplätze waren im Rondel, das den Kreuzungspunkt der Diagonalen umgab, ganz verkehrt angebracht, denn von der Mitte aus hat man immer die schlechtesten Raumbilder, und damit war der für den Genuss wichtigste Punkt des Platzes, die Rückseite gegen die Behrenstrasse, aufgegeben. Auch die Bepflanzung nahm keine Rücksicht auf die Wirkung der Architektur. Die Büsche waren rücksichtslos verteilt und schon viel zu hoch gewachsen.

Als nun verlautete, dass das Denkmal der Kaiserin Augusta diesen Platz zieren sollte, da träumte mancher, der die architektonische Schönheit Berlins liebt, dass nun die Zeit gekommen wäre, hier im Herzen der Stadt eine wunderschöne Anlage zu schaffen. Das Motiv schien von selbst gegeben. Dem Gewoge des Verkehrs entrückt, an der Rückseite des Platzes als Abschluss eines geraden Weges das Marmorbild vor einer grünen Laubwand, niedrige Pflanzungen in der Art der Beete auf dem Pariser Platz, damit die Architektur nicht gestört werde, Springbrunnen dazwischen, reicher Blumenschmuck, vor dem Marmorbilde ein freier Platz mit geschützten Bankanlagen an den Seiten, so dass man von den günstigsten Punkten aus in Ruhe all die Schönheiten geniessen könnte. Eine Aufgabe für ein Künstlerherz.

Es ist jedoch ganz anders gekommen. Das erste Drittel des Platzes, von der Seite der Linden aus, ist zu einem kleinen Hügel erhöht, der das Denkmal trägt. Hohe immergrüne Büsche umgeben es und verdecken die Fassade der Bibliothek und der Hedwigskirche. Der Platz ist zerrissen. Von der Behrenstrasse her sieht er trist aus. Ob dies die endgültige Gestaltung ist? Hoffentlich nicht. Man erinnere sich, wie der Gensdarmenmarkt durch die Umgestaltung gewonnen hat.

POTSDAM

Die Deutschen sind heute nach und nach neben den Engländern das reisende Volk geworden. Ein Deutscher, Karl Baedeker, dem in jedem Centrum des Reiseverkehrs ein Denkmal gebührte, hat den Mechanismus des Reisens entwickelt. Seine Reisehandbücher bilden ein kostbares nationales Gut, dessen zugleich die Gebildeten der ganzen Welt teilhaftig sind, und seine Sterne weisen Hunderttausenden den Weg durch das Wirrsal der Erscheinungen.

Aber so fest gefügt dieser Mechanismus dasteht, eine Methodik des Reisens haben wir noch nicht ausgebildet, und dies gehört zu den Merkmalen unserer unausgeglichenen Bildung.

Den grossen Opfern an Zeit und Anstrengung, die uns das Reisen ohne Methode kostet, entspricht sein Bildungswert — immer von Fachreisen abgesehen — nur selten. Wir gehen zu einseitig auf künstlerische und landschaftliche Masseneindrücke aus. Wer sich zu Hause das ganze Jahr um Kunst nicht kümmert, wird für die wenigen Reisewochen ein leidenschaftlicher Kunstfreund, der sich keinen Stern im Baedeker schenkt, wer sich unterwegs einen

Monat lang an den anerkannten Naturschönheiten nicht satt schwärmen kann, wandelt den erheblichen Rest des Jahres in seiner Heimat wie ein Blinder, und oft genug wird der Stossseufzer laut, dass man die Vaterstadt erst kennen lernt, wenn man Fremde zu führen hat. Was man von der Reise mitbringt, pflegt ein wirres Konglomerat von allerlei Bruchstücken zu sein, kein klares Gesamtbild, dem sich die Einzelheiten einordnen.

Sollen die Reisen aus einem Nudelprozess eine Gymnastik werden, so muss die Fähigkeit, sich vorzubereiten, zu sehen, zu unterscheiden, zu erkennen und die mannigfaltigen Eindrücke zu einem ganzen, vereinfachten Bilde zusammenzufassen, besonders geübt werden.

Wo in den Städten reichere Bildungsmittel vorhanden sind, gehört die Anleitnug zum Reisen zu den Bedürfnissen, die nur deshalb nicht als drückend empfunden werden, weil sie bisher noch nicht oder nur ausnahmsweise befriedigt werden konnten. Es braucht jedoch nicht so zu bleiben. In den Schulen ist die Heimatkunde ein fester Lehrstoff. Aber leider nur für die Unterklassen, wo nur ein kleiner Teil der Materie bewältigt werden kann. Würde sie in die Oberklassen verlegt und mit der Geschichte der Heimat verbunden, so liesse sich an der Untersuchung der Vaterstadt die Stadt als Organismus verstehen lehren, und die Einführung in das künstlerische Wesen der Heimat würde die beste Vorbereitung sein, die Eigenart der Fremde zu begreifen. Unmittelbar müssten sich die Vorlesungen im Museum anschliessen. Hier wären an der Hand eines reichhaltigen Anschauungsmaterials, an Plänen und Photographien die wichtigsten jeorts in Frage kommenden Reiseziele nach ihrem topographischen, historischen und künstlerischen Charakter deutlich zu machen, immer in Anknüpfung an die Thatsachen der nächsten Heimat. Wo dergleichen versucht wurde, waren Teilnahme und Erfolg überraschend.

※

Wie wenig der deutsche Reisende in der Regel vorgebildet ist, geht aus den Dispositionen hervor, die er für Berlin und Umgebung zu treffen pflegt. Potsdam wird gewöhnlich nebenbei besucht, an einem schönen Sommernachmittag, wenn in Berlin der Asphalt weich wird. Wer seinem Aufenthalt in der Hauptstadt einen ganzen Tag entzieht, glaubt schon ein Übriges zu thun. Ich weiss aus meiner Erfahrung kein Beispiel, dass sich jemand für einige Tage in Potsdam einquartiert hätte, um es gründlich und behaglich kennen zu lernen.

Nun ist aber Potsdam für den Deutschen ebenso wichtig wie Berlin, in mehr als einer Beziehung wichtiger, denn es bietet den Schlüssel zum Verständnis der Hauptstadt und zugleich zu der neueren deutschen Geschichte und Kulturgeschichte. Es giebt kaum einen Ort in Deutschland, wo man durch unmittelbare Anschauung so viel lernt wie in Potsdam. Zwei und ein halbes Jahrhundert hat dort das leitende Fürstengeschlecht Europas sich selbst und seine Zeit in grossen Palast-, Garten- und Stadtanlagen zum Ausdruck gebracht. Vom Grossen Kurfürsten ab, der bald nach dem dreissigjährigen Kriege den Bau des Stadtschlosses begann, lässt sich in Potsdam das Wesen jedes Hohenzollernfürsten, wie es in seiner Natur und in den Tendenzen seiner Epoche begründet lag, unmittelbar durch die Anschauung erfassen.

Diese Thatsache verleiht dem Orte ein historisches und menschliches — um nicht auch zu sagen anthropologisches — Interesse höchsten Ranges.

Auch Berlin trägt in den Grundzügen seiner Anlage und seiner Monumente das Gepräge der Hohenzollern, aber Potsdam ist die Hohenzollernstadt an sich, Potsdam ist nach dem Bilde jedes einzelnen und aller Hohenzollern gemodelt, denn hier hatten sie, durch kein aufstrebendes Bürgertum behindert, freien Spielraum.

Es wäre nicht zu verwundern, wenn sich ein Hohenzoller mehr in Potsdam als in Berlin beheimatet fühlte. Hier verleben die meisten unter ihnen die schönsten Zeiten ihrer Jugendjahre. Gerade wie der englische Adlige, der zur Zeit der Saison seinen Palast in London bewohnt, aber mit allen Wurzeln seiner Seele am Landsitz der Familie haftet, dürften auch die Söhne des Kaisers, die in ihrer ersten Jugend vom Frühling bis zum Weihnachtsfest im Neuen Palais wohnen, sich im Grunde ihres Herzens als Potsdamer betrachten.

*

Die Fabel von der reizlosen Umgebung Berlins hat ihre Zeit gehabt. Potsdam wurde stets als Ausnahme hervorgehoben, selbst von der Romantik, denn seine waldigen Höhenrücken werden von weiten und mannigfaltig wechselnden Wasserbecken zurückgeworfen, und eine Kuppel, die der Nikolaikirche, beherrscht das mit Türmen und hellen in Grün gebetteten Fassaden übersäte Landschaftsbild. Wie schön Potsdam ist, hat uns die Kunst bisher noch nicht gesagt, wenn wir von Menzels Illustrationen absehen. Doch ist dies nicht zu verwundern. Giebt es in Deutschland eine akademische Kunst, die ihre Wurzeln im lokalen Boden hätte? Auch Berlin ist ja eigentlich noch nicht gemalt worden, nicht einmal von den „Neuen", trotz rühmenswerter Versuche, die freilich noch meist auf Pariser Inspirationen zurückgehen. Wer ein paar Tage in Potsdam zubringt, kann überraschende Entdeckungen machen, namentlich im Herbst und im ersten Frühling. Doch gehören Sonnenschein und helle klare Luft dazu, um alle

Farbe charakteristisch herauszubringen, denn trotz der weiten Seeflächen hat Potsdam wie Berlin die trockene klare Luft der Mark. Wer vom Seestrand kommt, wird es an den zarten Abendhimmeln merken.

Der Boden ist mager, die einheimische Flora weder artenreich noch üppig. Sie ist heute ärmer als vor zweihundert Jahren, denn vom Grossen Kurfürsten bis zum Grossen König sind in weitem Umkreise die Eichenwälder zerstört worden, um Bauholz zu gewinnen. Wie sehr sich dadurch der Charakter der Landschaft geändert hat, lässt sich heute nicht leicht ermessen.

Für die Parks, die grossen öffentlichen Plätze und die Gartenanlagen sind seit Friedrich dem Grossen Bäume und Sträucher aller Art in Massen eingeführt worden, und die Anlage und Pflege der königlichen Gärten hat aus Potsdam ein Centrum und eine Hochschule der nordischen Gartenkunst gemacht. Friedrich der Grosse fand in seinem Reiche noch keinen Gartenbau grossen Stils vor. Er musste sich auf Hamburg und darüber hinaus auf Holland stützen. Für die „Plantage" in Potsdam bezog er auf einmal aus Holland über siebenhundert Linden. Als er Treibhäuser in grösserem Massstabe anlegen wollte, mussten, weil in Preussen alle Erfahrungen fehlten, zuerst Versuche mit Provisorien gemacht werden. Aber er war unermüdlich, und die Anforderungen, die er stellte und deren Erfüllung er trotz aller Schwierigkeiten durchsetzte, machen ihn zum Begründer des künstlerischen Gartenbaues grossen Stils im ganzen Norden. Friedrich Wilhelm IV. und Kaiser Wilhelm I. haben sein Werk fortgeführt und aus der Havellandschaft um Potsdam herum den schönsten und kultiviertesten Fleck ihrer Länder geschaffen.

*

Alle Kunst in Potsdam ist Fürstenkunst, gewollte mithin, oder wenn man will künstliche Kunst. Nichts ist von selber gewachsen und entwickelt, alles musste akklimatisiert werden. Potsdam offenbart das Wesen der Fürstenkunst in Reinkultur.

Hier lässt sich am klarsten in Deutschland erkennen, was sie besitzt und was ihr mangelt.

Sie drückt ein hohes Selbstbewusstsein aus, wie es im Bürgerstande nie sich entwickeln kann. Daher der Zug ins Grosse, Mächtige, Imposante, der der Bürgerkunst abgeht. Fürstenkunst soll die Bedeutung des Herrschers sinnfällig ausdrücken und sein irdisches Dasein mit Pracht und Pomp umgeben, daher ihr wesentlich dekorativer Charakter und die Vorherrschaft der Architektur, zu der ja auch die Kunst des Gartenbaues gehört. Denn was der Fürst braucht, gewährt ihm die Architektur vor allen anderen Künsten, und ihr müssen sich alle anderen unterordnen. In der

Bürgerkunst pflegt dagegen die Malerei Herrscherin und Führerin zu sein. Zu den Qualitäten der Fürstenkunst bilden ihre Mängel einen notwendigen Gegensatz. Es fehlt ihr vor allem das emotionelle Element, die eigentliche Domäne der Bürger- und Priesterkunst. Unter dem Fürsten hat der Künstler dekorative Leistungen auszuführen, und was er damit auszudrücken hat, ist Freude, Heiterkeit, Anmut, Macht, aber niemals Ergriffenheit, Erschütterung, Herzensqual, Versenkung, Andacht, tiefste Sympathie.

Die ganze blühende Bürgerkunst Hollands reichte nicht aus, um das schlichte Huys tem Bosch zu dekorieren, und alle Fürstenkunst der Welt hat keinen Künstler zur Entwickelung bringen können, dessen Wesen die Innerlichkeit ist. Unter dem Fürsten ist die Kunst eine Dienerin, inmitten des Bürgertums eine freie Herrin.

Die höchste Form der Kunst muss ungehindert aufwachsen, sie kann nicht gehorchen oder einem aufgedrungenen Ziele zustreben. Sie hat ihre Heimat nicht am Fürstenhof, wo sie sich der Etikette einordnen muss, sondern in den bescheideneren Städterepubliken Italiens, Süddeutschlands und Hollands. Weder Schongauer, Dürer noch Rembrandt sind als Höflinge denkbar.

Fehlt der Fürstenkunst die hohe seelische Kraft und Freiheit, so hat sie dagegen eine andere Qualität, die der emotionellen Kunst nicht unmittelbar eigen ist, sie gehört zu den wichtigsten Faktoren der Volkswirtschaft. Aus ihrer Hand gehen die Güter hervor, die dem Schmuck und Behagen des täglichen Lebens dienen.

Nirgends in Deutschland lässt sich diese ökonomische Bedeutung der Kunst im Hofdienst so klar erkennen wie in Potsdam. Denn die Hohenzollern, seine Erbauer, haben auch bei der Befriedigung ihres persönlichen Luxusbedürfnisses das wirtschaftliche Interesse ihres Landes nie aus den Augen verloren.

*

Der Plan von Potsdam enthüllt auf den ersten Blick, dass es sich um eine künstlich entwickelte Stadt handelt: viele gerade Linien, Plätze in regelmässigem Rechteck, zahlreiche Parallelstrassen auf dem schon im vergangenen Jahrhundert bebauten Grunde. Den Charakter des Gewordenen hat nur die Partie zwischen dem Stadtschloss und der Heiligengeist-Kirche am Havelufer, der Freundschaftsinsel gegenüber. Dieser Teil der Stadt ist in der That alt und war früh befestigt. Die älteste Burg lag schon an der Stelle des Stadtschlosses, und, wie die Stadtburgen in der Regel, am äussersten Rande, mit einem Fuss in der Stadt, mit dem anderen draussen. Diese Potsdamer Burg gehörte, wie das Schloss in Berlin und Dresden, in die Kategorie der festen Schlösser an der

Brücke. Diesen Charakter trägt das Stadtschloss heute noch.

Potsdam war eine unbedeutende kleine Stadt, als am Anfang des sechzehnten Jahrhunderts Joachim I. sich dort ansiedelte. Seine Nachfolger scheinen zeitweise schon mit Vorliebe in Potsdam residiert zu haben — es wird von Gartenanlagen unter Joachim Friedrich und von der Unterbringung der Leibgarde Georg Wilhelms gesprochen — aber der eigentliche Gründer des modernen Potsdam ist der Grosse Kurfürst, der den im dreissigjährigen Kriege verpfändeten Besitz einlösste und von 1660 ab das Stadtschloss zu erbauen anfing.

In seinen verwüsteten Ländern fand er künstlerische Kräfte nicht vor, die seinem Bedürfnis dienen konnten. Die Niederlande und Italien waren die herrschenden Kulturländer Europas, Niederländer und Italiener wurden berufen, Schloss und Gärten zu bauen.

Von den Gärten, die der Holländer Memmhard nach der Weise seiner Heimat mit „runden Teichen und Lusthäusern" angelegt hat, sind keine Spuren mehr vorhanden. Aber der Schlossbau des Piemontesen de Chieze steht noch aufrecht, wenn auch im Äusseren von Friedrich dem Grossen neu dekoriert und im Inneren bis auf einige schwere Stuckdecken völlig umgestaltet. Es ist ein massiger Komplex mit kurzem Mittelbau und sehr langen Seitenflügeln.

Als der Grosse Kurfürst das schon unter seinen

Vorfahren mit Vorliebe bewohnte Schloss neu auf-
baute, war die Zeit der konsequenten Durchschnei-
sung der Landschaft vom Schlosse aus für den
Norden noch nicht gekommen. Das Stadtschloss
liegt als eine geschlossene Masse da, keinerlei Perspektive leitet den Blick durch Stadt und Land.
Eng drängt es sich mit der Stadtkirche und dem
Rathaus zusammen. Auch die Epoche der Kanal-
anlagen nach der Art von Versailles war noch nicht
angebrochen. Der grossartige Strassenzug am Kanal
quer durch Potsdam hat keinerlei Beziehung zum
Schloss. Er wirkt wie ein ausgebauter Wallgraben.

Als der Nachfolger des Grossen Kurfürsten in
Potsdam einzog, war der Schlossbau noch nicht
vollendet. Unter ihm wurde der grosse Saal ausgebaut und von Schlüter mit einer bis heute er-
haltenen prächtigen Stuckdecke versehen, und
de Bodt errichtete das reizvolle Portal, das die
beiden Flügel verbindet. Dieses Portal — an den
Seiten von Friedrich dem Grossen umgebaut —
ist in seinem prächtigen Mittelbau das eigentliche
Denkmal der Zeit des ersten preussischen Königs
in Potsdam. Friedrich I. wandte sein Haupt-
interesse dem Schlossbau in Berlin zu, der sein
junges Königtum ausdrücken sollte.

Sein Nachfolger, der Soldatenkönig, hat für
Potsdam ungemein viel gethan. Er hat ihm das
bis heute noch nicht verwischte Gepräge seiner
Neigungen aufgedrückt.

Seinem Bilde, wie es im Gedächtnis der Menge

lebt, fehlen einige wesentliche Züge. Man pflegt in ihm den ersten preussischen Offizier zu sehen, der aus seiner Lieblingsresidenz Potsdam die grosse Garnisonstadt gemacht hat, den tüchtigen Verwalter und scharfen Rechner. Aber er war mehr als das. Seine künstlerischen Interessen und seine Leistungen als Dilettant sind nach Ausweis seiner Bilder im Stadtschloss keineswegs gering anzuschlagen. Mit Ausnahme eines Lusthauses „nach holländischer Art" hat er für sich in Potsdam nicht gebaut. Das Schloss, wie es sein Vater vollendet hatte, genügte ihm, nur dass er die Prunkmöbel und Kunstwerke entfernte und die von ihm bewohnten Räume aufs einfachste ausstatten liess. Aus dem holländischen Garten aber machte er den Exerzierplatz, wie wir ihn heute sehen, nur dass er — wohl aus Sparsamkeit — die Teiche unausgefüllt liess, die erst Friedrich der Grosse beseitigte.

Dieser Parade- und Exerzierplatz als integrierender Teil der grossen Schlossanlage ist eine preussische Idee. Hätte der Soldatenkönig das Schloss zu bauen gehabt, er würde ihn in den Organismus von Schloss und Garten einverleibt haben. Diese künstlerische That blieb seinem Sohne vorbehalten, der beim Neuen Palais an der Rückseite den grossen Exerzierplatz anlegte und mit der wundervollen Theaterdekoration der Communs abschloss.

Die Stadt Potsdam hat Friedrich Wilhelm I. eigentlich erst erbaut. Während sein Vater ohne ausgesprochene Vorliebe aus Italien — Stadtschloss in Berlin —, aus Frankreich — Zeughaus —, aus Holland und Deutschland — Schlüter — die künstlerischen Ideen und Kräfte bezog, wandte sich Friedrich Wilhelm I. fast ausschliesslich der holländischen Kultur zu. Nur seine ganz riesenhaften Aufträge für silberne Geräte gingen nach Augsburg. Nach holländischer Art wurde eine Gracht durch die Stadt gelegt, die Ufer bekamen holländische Namen: Bodens Graft, Schumachers Graft, das — heute wieder ausgefüllte — holländische Bassin erhielt nach holländischer Art eine Insel mit einem holländischen Pavillon, dem sogenannten Tabakskollegium. Ganze Strassen wurden mit Häusern in holländischem Stil bebaut. Wenn heute noch Potsdam lebhaft an den Haag erinnert, so rührt dies von der Bauthätigkeit des Soldatenkönigs her.

Er hat grosse Summen auf die Erbauung von Potsdam verwandt. Aber ihn interessierten nur die Strassen, Plätze und Fassaden. Wer bauen wollte, erhielt die Materialien umsonst. Der König hielt darauf, dass möglichst lange Reihen gleichmässiger Häuser errichtet wurden. Alle mussten Giebel haben und in derselben Farbe angestrichen sein. Es machte ihm nichts aus, wenn eine lange Hausfassade nur eine einzige Reihe schmaler Zimmer verkleidete: die „Patronentasche" nannte schon zu seiner Zeit der Volkswitz ein Haus dieser Art.

Ganze Wälder sollen ausgerodet sein, um das Bauholz für die Fachwerkbauten zu gewinnen. Nachdem unter Friedrich dem Grossen dasselbe System der Waldvernichtung fortgesetzt worden war, klagte man schon gegen Ende des Jahrhunderts über Mangel an Bauholz, das heisst wohl Eichenholz. Wie kräftig die Eiche einstmals in der Gegend gediehen sein muss, beweisen vereinzelte herrliche uralte Eichen, die wohl hier und da noch in die vorchristliche Zeit des Landes zurückreichen mögen.

*

Was der Soldatenkönig für Potsdam gethan, wurde von den Bauten Friedrichs des Grossen verdunkelt. Er gab dem Stadtschloss seine jetzige Gestalt, baute Sanssouci und das Neue Palais und hat erst, nachdem seine Schlösser fertig waren, in grösserem Massstabe auch Strassenhäuser errichtet oder mit neuen Fassaden versehen lassen.

Zu Anfang seiner Regierung schien es zweifelhaft, ob er als seine Residenz Potsdam oder Rheinsberg ausbauen würde. Er scheint sich aber bald für Potsdam entschieden zu haben. Im Laufe seiner Regierung hat er für seine Schlösser, Gärten, die öffentlichen Gebäude und Anlagen und für Bürgerhäuser ungefähr sechzig Millionen Mark in Potsdam angelegt.

Im allgemeinen pflegt man unter dem Eindruck zu stehen, dass Friedrich im Gegensatz zu seinem Vater, der der holländischen Kultur näher gestanden, fast auschliesslich französische Gedanken importiert habe.

In Wirklichkeit ist dies jedoch nur mit sehr erheblichen Einschränkungen zu verstehen. Die Bauten des achtzehnten Jahrhunderts in München und Stuttgart sind weit französischer als die von Potsdam. Unter den wirklich ausschlaggebenden Architekten, die Friedrichs Gedanken und Wünsche ausführten, ist kein Franzose, unter den Kunsthandwerkern und Dekorationsmalern bilden Franzosen die seltenste Ausnahme.

Friedrich war in seinem Geschmack durchaus nicht einseitig. Von seinem Vater hat er den Holländer Boumann als Architekten übernommen. Holländische Ideen drängten sich zeitweise sehr stark hervor, namentlich, nachdem er 1754 incognito in Holland gewesen war, beim Bau des Neuen Palais. Aus Publikationen kannte er die Bauten Italiens und liess ganze Fassaden von Bürgerhäusern in kleinerem Massstabe nach Stichen aufführen. Er hätte es vielleicht vermieden, wenn er die Wirkung der Vorbilder an Ort und Stelle hätte studieren können.

Nur in allem, was Innendekoration und Mobiliar anbelangte, schloss er sich dem aus Frankreich importierten, aber eigenartig entwickelten Rokoko an, und in der hohen Kunst standen die französischen Meister seinem Herzen am nächsten. In seinen Wohn- und Festräumen hängen an der Wand Gemälde von Watteau, Lancret und Pater, sein Hofmaler war Pesne und die schönsten Marmorwerke seiner Gartenanlagen stammten von Adam und Pigalle.

Sein bedeutendster Baumeister aber war Knobels-dorff, der die Architektur als Liebhaber erlernt hatte, ein seltener und eigenartiger Künstler. Alles, was in Potsdam gebaut wurde, ging jedoch vom Könige aus. Zu den meisten Bauten gab er die Grundideen an, alle überwachte er bis in die Details, was er vorschrieb, musste unbedingt aus-geführt werden, auch wenn er selber eingesehen hatte, dass es technisch oder künstlerisch verfehlt war. Mit eiserner Konsequenz drang er dabei auf die Berücksichtigung der inneren Bequemlichkeit. So verbot er auf das strengste, Säulenordnungen vor bewohnte Flügel zu stellen. Die Zimmer sollten hell bleiben und er wollte sich darin nicht in einem Gefängnisse fühlen, wie er sich ausdrückte. Am Stadtschloss liess er freistehende Säulen nur an den Fassaden der Seitenflügel zu, hinter denen auf der einen Seite das Theater, auf der anderen die fran-zösische Kirche lag, also unbewohnter Raum. Als er beim Neuen Palais die Anordnung freistehender Säulen im Plan übersehen hatte und sie nachher bei der Besichtigung der Grundmauern entdeckte, wurde er sehr aufgebracht und befahl die Änderung der ihm verhassten Anlage, obwohl er von der kräftigeren dekorativen Wirkung an der Fassade überzeugt sein musste.

In der ersten Bauperiode führte er die drei

grossen Schlossbauten mit allen verfügbaren Mitteln durch. Als diese Bedürfnisse befriedigt waren, wandte er sich in steigendem Masse der Verschönerung der Stadt zu. Im Jahre 1748 gab er für Häuserbauten in Potsdam noch nicht 12000 Thaler her, während der Zuschuss für die Errichtung von Bürgerhäusern im Jahre 1774 rund $1\,^1/_2$ Millionen Thaler betrug. Er hat im ganzen gegen 1200 Häuser bauen lassen.

Mit dem Umbau des Stadtschlosses begann er bald nach seinem Regierungsantritt. Die Neudekoration und Neuausstattung waren eine Notwendigkeit, nachdem der Soldatenkönig das Schloss ausgeleert hatte. Friedrich fand nichts als kahle Wände vor.

Knobelsdorff leitete die Arbeiten am Mittelbau und an den Risaliten nach dem Stadtmarkt, Boumann führte die Seitenflügel um ein Stockwerk höher. Sein Anteil ist nebensächlicher. Die Einrichtung entwarf Knobelsdorff, so dass dieser dem Werk seinen Charakter gab. Auch die Kolonnaden an der Brücke und nach dem Marstall sind von ihm, ebenso das grosse Neptunsbecken an der Stelle, wo früher ein Schmuckhafen gelegen hatte, und die Gartenanlagen.

Sanssouci ist die erste ganz selbständige Schöpfung Friedrichs des Grossen. Die Anlage steht im Norden ganz einzig da, das Schloss als Bekrönung eines Terrassenbaus. Das ist weder holländisch noch französisch. Aber es hat auch keine italienische Bauanlage dem Könige als Vorbild gedient.

Man sollte das Schloss unten in der Ebene erwarten mit einer Kaskade als Abschluss der Perspektive, wo die Treppen der sechs Terrassen ansteigen. Die Ähnlichkeit mit der Anlage des im Verhältnis weit niedriger gelegenen Schlosses von Versailles ist nur ganz oberflächlich und zufällig. Denn Sanssouci ist nicht ursprünglich als Schloss und Garten angelegt, sondern stand — wenn auch nur kurze Zeit — als Orangerie und Weinberg da. Friedrich der Grosse, eine sehr fein organisierte Natur, hatte eine Leidenschaft für edles Tafelobst. Um den Fährlichkeiten der Witterung zu begegnen, liess er in den ersten Jahren seiner Regierung die sechs Terrassen mit der stattlichen Mitteltreppe als einen Weinberg unter Glas anlegen. Die hohen Terrassenmauern, aus bautechnischen und gärtnerischen Rücksichten parabolisch eingezogen, dienten der Wein- und Pfirsichpflanzung als Rückwand, und den Gipfel bekrönte eine stattliche Orangerie. Diese musste wieder zerstört werden, als der Schlossbau begann.

Den Plan des Schlosses entwarf Friedrich selber. Die Ausführung leitete Knobelsdorff, aber seine Absichten wichen so stark von denen des Königs ab, dass ihre Freundschaft dem Widerstreit nicht standhielt. Knobelsdorff wollte den Schlossbau aus Rücksicht auf die Gesundheit unterkellern und ihn soweit erhöhen, dass er von unten gesehen nicht durch die Terrassen überschnitten würde. Friedrich wollte — wohl zunächst aus Sparsamkeitsrücksichten — von Keller und Unterbau nichts wissen. Vielleicht auch sprach der Wunsch mit, die Zimmerflucht dem Niveau des Gartens näher zu halten. Diese Intimität hat etwas ausgesprochen Behagliches. Sanssouci ist die geschlossene Schöpfung Friedrichs, ein Gedicht, ein Märchen, und in der Verbindung des Nützlichen mit dem Schönen der rundeste Ausdruck seines Wesens. Die Terrassenanlage ein Weinberg, das Schloss eine Garçonniere, die er und seine allernächsten Freunde vollkommen ausfüllten. Nirgends ein leerer Raum, alles in mässigen Dimensionen, übersehbar und doch vornehm und grossartig. Auf Sanssouci passt, was ein Zeitgenosse von ihm sagte: er sei ein Liebhaber schöner und nützlicher Bauwerke gewesen. Es giebt wohl in Deutschland, ja in Europa kein Haus von solcher Originalität, und das bei aller Vornehmheit so eng auf die Bedürfnisse eines eigenartigen Menschen zugeschnitten ist.

Das Neue Palais bildet einen Gegensatz. Es ist keine Junggesellenwohnung, nicht auf ein persönliches Bedürfnis zugeschnitten, sondern ein Prunk- und Repräsentationsbau, entstanden aus dem Bedürfnis, das durch Friedrich geschaffene neue Preussen auszudrücken, und in diesem Zweck wundervoll symbolisiert durch die drei Frauengestalten, die auf der Kuppel triumphierend die Königskrone emporheben.

Lichtwark, Deutsche Königsstädte.   5

Sanssouci ist dem Individuum Friedrich von Preussen, den auch die Königsmacht schmückt, auf den Leib geschnitten. Das Neue Palais versinnbildlicht den König des neuen Preussen in abstracto, wie das Berliner Stadtschloss den des alten. Es ist auch in Lage und Grundriss ein Gegensatz zu Sanssouci.

In der Ebene gelegen, gehört es einem anderen Schlosstypus an, doch ist es in seiner kompakten Massigkeit und der bedeutenden Höhenentwickelung mehr ein Stadtschloss, als ein Landschloss. Vielleicht geht diese Gestaltung gleich der malerischen Verbindung von Backsteinwänden mit Sandsteinpilastern und -gesimsen auf dieselbe holländische Anregung zurück. Man denkt bei dem mächtigen Würfel ohne Portale an das Stadthaus in Amsterdam. Aber der Charakter ist doch wieder durchaus preussisch. Wo man an der Rückseite die breite Terrasse und den Blick auf die Perspektive des Kanals mit dem Dekorationsbau des Wasserschlosses als Abschluss erwarten sollte, findet sich der Exerzier- oder Paradeplatz in den Organismus der Schlossanlage einbezogen, ein weites Feld, durch die grossartige Dekoration der Communs abgeschlossen. Die Tempelfronten, Säulenhallen, Freitreppen, Pavillons, Kuppeln, Thore und Obelisken, aus denen sich dieser an kühner Phantasie nur dem Zwinger vergleichbare Bau zusammenfügt, gemahnen an die Formenspiele architektonischer Gestaltungskraft der Operndekoration, die in jener Epoche das baufreudige Publikum des Fürsten und seines Hofes ergötzten. Zu den strengeren Formen des Schlossbaues bilden die Communs einen heiteren Kontrast. Sie stammen auch nicht aus derselben Quelle. Nachdem Knobelsdorff schon beim Bau von Sanssouci zurückgetreten war, hatte Büring unter Friedrichs Inspiration den Schlossbau auszuführen, während die Communs ihre heutige Gestalt Gontard — einem Deutschen trotz seines Namens — verdanken.

Das Innere birgt in Wandbekleidungen und Mobiliar eine Anzahl der hervorragendsten Erzeugnisse der unter Friedrichs Leitung emporgeblühten dekorativen Künste des Orts.

Was von Friedrich dem Grossen in Potsdam gebaut und eingerichtet wurde, muss aus der Eigenart des Menschen Friedrich begriffen werden, der mit einem erstaunlich vielseitigen kräftigen und hochkultivierten Sinnenleben begabt war. Sein Künstlerauge verlangte im Grössten wie im Kleinsten sein Recht, auf die Bedürfnisse des Musikers gehen Innendekorationen und kostbare Möbel zurück, und der Feinschmecker ist der Urheber grosser und origineller Gartenbauten wie der unsagbar schönen Terrassen von Sanssouci.

*

Friedrich Wilhelm II. hat das Marmorpalais am Heiligen See nicht als König, sondern als Privatmann gebaut, klein, behaglich, üppig, wie es seinem Hang zur Bequemlichkeit entsprach, im ganzen mehr bürgerlich als fürstlich, wie das der Zeitstimmung entsprach, aber noch immer sehr kultiviert. Gontard entwarf die Pläne, weniger phantasievoll, als man erwarten sollte, eine Vereinfachung und Reduktion des Neuen Palais, auf das auch die malerische Wirkung des Kontrastes zwischen den Hausteingliederungen und den roten Ziegelwänden deutet.

Der nicht mehr architektonische, sondern landschaftliche Garten und die innere Ausstattung — die schweren Chippendalestühle — weisen auf das Hereinbrechen englischen Einflusses. Ganz neu für ein Fürstenschloss ist schon die Lage am Wasser, die das neue, das architektonische Herkommen durchbrechende Naturgefühl verrät. Man will vom Fenster aus nicht den Anblick von Terrassen, Kanälen und Laubwänden, sondern die weite, unberührte und unberührbare Natur geniessen. Auch die Proportionen sind neu, ein kleines Haus in einem ungeheuren Garten.

Einen noch unmittelbareren Ausdruck fand das neue sentimentale Naturgefühl in Verbindung mit der aufdämmernden Romantik auf der Pfaueninsel. Hier, wo die Erinnerung an den Goldmacher Kunkel spukte, liess Friedrich Wilhelm II. ein Wohnhaus in Gestalt eines verfallenen Ritterschlosses errichten mit einer eisernen Laufbrücke zwischen den Türmen, ein langweiliges Stück impotenter Romantik, nicht zu vergleichen mit der ungefähr gleichzeitigen und derselben Stimmung entsprungenen Löwenburg im Park zu Wilhelmshöhe.

*

Friedrich Wilhelm III. und die Königin Luise haben wenig Spuren in Potsdam hinterlassen. Behaglich fühlten sie sich vor allem auf der Pfaueninsel. Doch dürfen im Stadtschloss die Zimmer der Königin nicht übersehen werden mit ihrer einfachen, aber hier und da ungemein geschmackvollen Ausstattung in Mahagoni. Hier ist der letzte Rest von fürstlicher Repräsentation abgestreift. Aber Kultur ist immer noch da. Das Auge hatte noch das Bedürfnis nach dem Anblick guter Verhältnisse und Scheu vor falschem Putz und Prunk. Was das moderne Berlin jetzt aus England und Amerika geholt hat, den schlichten, sachlichen Stil der Ausstattung, das hätte es hier näher und — wenn auch ebenfalls auf englischer Grundlage — preussischer haben können.

Unter Friedrich Wilhelm IV. brach eine neue Glanzzeit für Potsdam herein. Schon unter der Regierung seines Vaters hatte er als Kronprinz, etwas früher als sein Bruder, der spätere Kaiser

Wilhelm, in Potsdam zu bauen begonnen. Char-
lottenhof, von Schinkel 1826 für den Kronprinzen
Friedrich Wilhelm errichtet, ist ein niedliches kleines
Spielzeug, kaum ernsthaft bewohnbar, eine roman-
tisch-klassicistische Puppenstube. Zehn Jahre später
begann Prinz Wilhelm mit dem Bau von Babelsberg, ebenfalls nach Schinkels Plänen, doch in
englischer Gotik, wenn man will, im Geiste Walter
Scotts, aber kein Spielzeug, sondern ein Wohnhaus
und samt seinem Park auf Erweiterung und Aus-
dehnung angelegt.

Als König trug sich Friedrich Wilhelm IV. mit
den grossartigsten Plänen. Auch er war Baudilettant
grossen Stils, und auch er hat, wie Friedrich der
Grosse, seine Zeit und sein eigenes Wesen in Potsdam zum Ausdruck gebracht.

Das Königstum war bis in das Mark umge-
wandelt, nicht allein, weil sich neben ihm das
Bürgertum als neue Macht zu regen anfing, sondern
weil seine Träger als Menschen für ihr Privatleben
sich als Bürger zu fühlen begonnen hatten und sich
in Bildung und Bedürfnissen im Grunde über das
Bürgertum nicht mehr erhoben. Wer sich einen
Begriff von dieser Thatsache machen will, der muss
in Sanssouci, das von Friedrich Wilhelm IV. und
seiner Gemahlin lange Jahre bewohnt wurde, auf-
merksam die Einrichtungsgegenstände betrachten,
die aus dieser Zeit stammen.

Es fällt schwer zu glauben, dass die fabrik-
mässig aus Holz verfertigten, braun gebeizten Photo-

graphierahmen, die Kartenschalen aus Porzellan auf dünnen Bronzedrähten und dergleichen Nippes von Bewohnern königlichen Ranges wenige Jahrzehnte nach dem Tode des Grossen Königs in diese Räume eingeführt worden sind. Ein schwindelnder Kultursturz, um so weniger zu fassen, als König und Königin an der höchsten Bildung teilhatten, die Deutschland gewähren konnte.

Wie dem Bürger, war auch dem Fürsten die Kunst kein intimes Bedürfnis mehr. Die Phantasie spielte mit grossen, märchenhaften Ideen, aber das Auge brauchte keine Kunst mehr in den Dingen der täglichen Umgebung.

An die Stelle des rein künstlerischen, das heisst sinnlichen Interesses an der Kunst war die kritische und historische Forschung getreten. Die Kunst selber war, statt naiv und sinnlich, vorwiegend historisch und litterarisch geworden. Dem Geschlecht lag die Arbeit ob, alle Kunst, die es je gegeben hatte, historisch zu ergründen und nachzuempfinden.

Es kam hinzu, dass das Königstum sich auch in seinen Gewohnheiten verbürgerlicht hatte, gerade wie das bürgerliche Leben des achtzehnten Jahrhunderts nach Verfürstlichung gestrebt hatte. Schon Marie Antoinette hatte die Hausfrau, die Bürgerin gespielt, und den Königen des neunzehnten Jahrhunderts war der Glanz der Repräsentation eine äussere Last geworden, die sie von sich warfen, wo es anging. Das Königtum hatte kein Bedürfnis mehr, sich auszudrücken. Für die Repräsentation genügte der aus der Zeit des Absolutismus vorhandene äussere Apparat.

Ein König des neunzehnten Jahrhunderts konnte nicht mehr von einem zwingenden Bedürfnis aus bauen wie Friedrich der Grosse. So erklärt sich, dass Friedrich Wilhelm IV. kein einzelnes einheitliches Werk in Potsdam geschaffen hat.

Seine Bauten entsprechen keinem thatsächlichen Bedürfnis, sie sind die Thaten eines dekorierenden, historisch interessierten Romantikers, der sich an allen Stilen der Welt begeistert hatte, Hadrianswerke. Die Friedenskirche erbaut er im frühchristlichen Stil und schmückt ihre Apsis mit einem echten frühchristlichen Mosaik. Die Orangerie ist italienische Renaissance, die Wasserwerke werden als Moschee verkleidet. Die neuen Gärten — vielleicht sein schönstes Werk — sind Nachahmungen italienischer Anlagen. Denselben eklektischen Zug tragen das Belvedere auf dem Pfingstberg, die gotischen Bauten.

Das Ganze hat doch wieder einen eigenen Charakter, und es ist in höherem Grade deutsch als alles, was vorher und nachher in Potsdam gebaut wurde, denn es verkörpert ein Stück wesentlich deutscher Bildung dieses Jahrhunderts.

Im Gegensatz zu den Bauten Friedrich Wilhelms IV., die im Grunde nichts anderes als eine einzige grosse Gartenanlage, einen grossen dekorativ aufgestellten Cyklus von Bildern aus der Kunstgeschichte darstellen, steht die gleichzeitige Schöpfung des Prinzen von Preussen, Schloss und Park von Babelsberg.

Hier tritt in grossem Stil das englische Wesen in den Bannkreis Potsdams, das im Marmorpalais mit seiner Einrichtung und seinem Garten und auf der Pfaueninsel schon vorgespukt hatte. Das Werk ist wieder einem praktischen Bedürfnis entsprungen: Prinz Wilhelm brauchte ein Landhaus als Sommeraufenthalt, und seine Liebe zur Natur fand ihren Ausdruck in der Wahl des hügeligen, aussichtreichen Terrains, das für die Anlage eines Parks im englischen Stil so überaus günstig dalag. Die bescheidene erste Anlage, die Konzentration der Mittel auf die allmähliche Ausbildung und Abrundung des Besitzes entsprechen einem wesentlichen Zuge seines Charakters. Kunst im Sinne Friedrichs des Grossen darf man im Schloss und Garten nicht suchen. Der Typus, dem Kaiser Wilhelm angehörte, fand so ungeheure praktische Aufgaben zu lösen, dass ihm für den ästhetischen Genuss weder Kraft noch Musse blieben. Erholung und Erbauung bot ihm die Natur.

*

Kaiser Friedrich hat in Potsdam nur wenige Spuren hinterlassen, seine Grabstätte bei der Friedenskirche ist ein Denkmal der Kunstpflege seiner hohen Gemahlin.

Unter Kaiser Wilhelm II. wurde das Neue Palais restauriert und den modernen Bedürfnissen entsprechend bewohnbar gemacht. An seine Vorliebe für den Norden und die See gemahnt die Anlage der Matrosenstation im norwegischen Stil.

Wie der erste Deutsche Kaiser als Prinz Wilhelm, hatte sich unter der Regierung Friedrich Wilhelms III. auch Prinz Karl einen Sommersitz gebaut. Als Grundlage diente ihm das einst grossartige Sommerschloss des Grossen Kurfürsten in Glienicke, das nach mehrfachem Besitzwechsel schliesslich wieder in die Hände der Hohenzollern gekommen war. Es ist von den Potsdamer Schlössern das wenigst bekannte und am schwierigsten zugängliche, aber es zeichnet sich durch mancherlei historisch wertvolle Kuriosa aus.

So haben die Hohenzollern in Potsdam seit nahezu zwei und einem halben Jahrhundert die Kunst als ein Ausdrucksmittel ihrer Persönlichkeit, ihrer Auffassung des Herrscherberufs und — mehr oder weniger unbewusst — der Stimmung ihrer Zeit gepflegt. Gab es innerhalb der deutschen Kultur die Mittel nicht, deren sie bedurften, so haben sie sie von der Stelle importiert, wo gerade Kultur von europäischer Haltung geschaffen wurde. Fanden sie daheim, was sie brauchten, so gaben sie stets den nationalen Kräften den Vorzug.

Am längsten, wenn auch mit Unterbrechungen,

hat der holländische Einfluss sich behauptet, er erstreckt sich von der Zeit des grossen Schlossbaues von 1660 über ein ganzes Jahrhundert bis zur Errichtung des Neuen Palais, und Baumeister holländischer Herkunft waren fast die ganze Zeit hindurch thätig. Potsdam macht äusserlich noch heute einen stark holländischen Eindruck. Weniger unmittelbar herrschen französische Ideen, aber in allem, was die Innendekoration anlangt, um so ausgesprochener. Wie Friedrich der Grosse ein hervorragender französischer Schriftsteller war, so gehört die innere Ausstattung der Potsdamer Schlösser der Weiterentwickelung des französischen Rokokos an. Etwa in ähnlichem Sinne wie die Entwickelung der Gotik auf deutschem Boden. Aber französische Baumeister und Kunsthandwerker spielten in Potsdam keine Rolle. Wie im Mittelalter die Gotik, war die französische Kunst des Rokoko, die letzte Weiterentwickelung der Gotik, Eigentum des deutschen Volkes geworden.

Italienische Baumeister und Kunsthandwerker treten auffallend zurück. Man weiss eigentlich nur von einigen Dekorationsbildhauern und Stukkatoren. Auch beim Aufbau der Schlösser herrschen keinerlei italienische Gedanken vor. Dagegen dienten die Publikationen italienischer Paläste als bequeme Vorlagen für den Bau der aus königlichen Mitteln bestrittenen Fassaden der Bürgerhäuser.

Der englische Einfluss tritt zuerst gegen Ende des achtzehnten Jahrhunderts bei der Ausstattung des Marmorpalais, der Anlage des Neuen Gartens und dem Ausbau von Schloss und Park Babelsberg auf.

Das Chinesische in der Dekoration unter Friedrich dem Grossen, ägyptische Spielereien im Garten des Marmorpalais, das Russische in der Kolonie Alexandrowska und der Nikolauskirche, das Norwegische in der Matrosenstation sind belanglose, aber im Zusammenhang immerhin interessante Einzelfälle, die im Zeitgeschmack, in Familienbeziehungen und in persönlichen Liebhabereien ihre Erklärung finden.

Deutsch ist im letzten Grunde trotz der fremden Ausdrucksmittel alles, was Friedrich der Grosse und seine deutschen Baumeister Knobelsdorff, Büring und Gontard in Schlössern und Gärten gebaut haben. Deutsch ist die Bauthätigkeit Schinkels und seiner Schule unter Friedrich Wilhelm IV. und unter Kaiser Wilhelm als Prinzen von Preussen.

*

Die höchste Leistung ist die Friedrichs des Grossen, denn er hat mit einer erstaunlichen Tiefe des Blickes an dem Bau und der Ausstattung seiner Schlösser die Produktion seines Volkes erzogen. Bei seinem Tode nahm die preussische Kunstindustrie in der Porzellanmanufaktur, in der Möbeltischlerei, in der Seidenweberei, in der Bronzearbeit

einen der ersten Plätze in Europa ein. Das Porzellan-
service für das Neue Palais dürfte an Originalität
der dekorativen Ideen, an märchenhafter Schönheit
der Form und Farbe überhaupt die höchste Leistung der europäischen Behandlung des Porzellans
bilden.

*

Diese Dinge sind dem Fachmann in Deutschland wohl bekannt, aber dem gebildeten Publikum
nicht eigentlich vertraut, und die Reisehandbücher
können ihm wenig davon vermitteln. Die Literatur
über Potsdam ist reich und bedeutend, aber wir
brauchen in der nächsten Zeit sehr notwendig eine
knappe, alle wesentlichen Punkte hervorhebende
Arbeit, die in lebendiger Form dem Besucher der
Hohenzollernstadt Auskunft giebt über die Männer
und die Ideen, ein Stück Psychologie der Rasse
und der Epochen, die Potsdam erbaut haben. Sie
müsste nicht von den Dingen ausgehen, sondern
von den Menschen. Aus dem Wesen des Soldatenkönigs, Friedrichs des Grossen und seines Knobelsdorff, Friedrich Wilhelms IV., Kaiser Wilhelms und
Schinkels müssten die Bauten begriffen werden. Ist
es nicht eigentlich betrübend, dass wir noch keine
abschliessenden Studien über Friedrich den Grossen
und Knobelsdorff als Künstler besitzen? Ja, wenn
es Italiener wären!

Auch eine Parallele mit Versailles gehört in das erwünschte kleine Buch. Aber wir sollten uns hüten, Potsdam fernerhin das deutsche Versailles zu nennen. Das Schlagwort setzt Potsdam herab. Die Hohenzollernstadt ist mehr als Versailles, das doch wesentlich das Monument eines Mannes und einer Zeit bildet trotz der Dedikation à toutes les gloires de la France.

An Potsdam hat ein grosses Geschlecht gebaut, das in drei Schicksalsepochen alle Lebenskraft Deutschlands um sich gesammelt hat, und es ist nicht, wie Versailles, die tote Hülle einer ausgestorbenen Daseinsform, sondern von wirkendem Leben erfüllt, eines der dünn über die Welt gesäten Beispiele historischer Monumentalität, die nicht bloss als Museum dient.

DRESDEN

Die Zustände in Dresden bieten ein sehr klares und in mehr als einer Beziehung eigenartiges Bild des Zusammenwirkens der mannigfachen Faktoren, die das künstlerische Leben in unserer Epoche beeinflussen. Im vergangenen Jahrhundert kamen neben dem Künstler als Produzenten und dem Fürsten und seinem Hof als Mäcen grossen Stils keine anderen Mächte in Betracht ausser der Kirche und, bis zu einem gewissen Grade, der Stadtverwaltung. Nach der Revolution trat die Kirche als lebendige Kraft zurück, und wie der Palast des Fürsten, der einen Mikrokosmos alles künstlerischen und kulturellen Lebens gebildet hatte, in seine Bestandteile Theater, Oper, Konzerthaus, Gemäldegalerie, Skulpturensammlung, Gewerbemuseum, Kulturmuseum, Waffensammlung, Naturhistorisches Museum, Völkermuseum u. s. w. aufgelöst wurde (womit der Anstoss zur Bildung einer grossen Anzahl neuer, dem vergangenen Jahrhundert unbekannter Bauorganismen gegeben war), so teilte sich auch die ästhetische, kritische und volkswirtschaftliche Funktion des Hofes und wurde vielen verschiedenen Schultern aufgeladen, dem Staat, seinen Anstalten und seinen Beamten, den Kunstvereinen, den Sammlern, der Presse, sogar dem Kunsthandel.

Langsam haben sich diese neuen Mächte entwickelt. Die meisten sind auch heute noch nicht so weit, dass sie sich nach der Qualität ihrer Leistungen ebenbürtig neben den Fürsten und seinen Hof stellen dürften. So hat z. B. der moderne Staat mit seinen Bauten, Monumenten und Anlagen noch bei weitem nicht soviel Glück gehabt, wie der Fürst der absolutistischen Epoche, und die Ursache ist nicht weit zu suchen: er ist noch kein Bauherr, der seine Sache versteht. Denn was für eine untergeordnete Gattung Mensch ist heute der Durchschnittsbeamte, der in unverantwortlichen Kommissionen über künstlerische Angelegenheiten endgültig zu entscheiden hat, verglichen mit dem hoch kultivierten Fürsten der Zeit des Absolutismus?

*

Wie sich die künstlerischen Dinge seit den Befreiungskriegen in Dresden entwickelt haben, ist in den äusseren Umrissen bekannt genug. Um 1880 war die Epoche, in der Dresden eine bestimmende Macht des künstlerischen Lebens in Deutschland bedeutete, im grossen und ganzen vorüber. Die Führer waren gestorben oder sie waren, bis auf einige wenige, mit ihrer Kraft und ihrem Leben am Ende.

Die ersten Boten des neuen Lebens, das unterdes in anderen deutschen Kunststädten erwacht war pochten um diese Zeit an Dresdens Thore. Dass die Vertreter der Dresdener Kunst, ihre Schüler und die in ihren Traditionen erwachsene Dresdener Gesellschaft sie nicht mit Jubel empfangen konnten, liegt auf der Hand. Auch in Dresden wiederholte sich dann das Missverständnis, dass nun mit einem Male alles, was bis dahin gegolten hatte, abgethan, dass nun nichts mehr als gerade das Neueste zu Gemüt gehen sollte, und der Kampf war da, wie überall.

In der kurzen Zeit, die seither verflossen, hat sich die Situation gewaltig verschoben. Grollende Alte sind — ausser einzelnen, die mit Wohlwollen der Entwickelung folgen — immer noch da, aber neben ihnen ist ein junges Geschlecht herangewachsen, das für seine neuen Ideale wirkt und wirbt.

Hätte, wie einst, der Fürst zu entscheiden gehabt, so wäre die Entwickelung entweder rasch vorwärts gegangen oder überhaupt verhindert worden. Kampf der Massen, wie wir ihn erlebt, hätte es nicht gegeben.

※

Von den Faktoren, unter die heute das Erbe des Fürstentums geteilt ist, setzte in Dresden zuerst die Presse ein. Etwa um 1883 begann im „Dresdner Anzeiger" Paul Schumann die Bürgerschaft mit den Namen Böcklin, Liebermann und der grossen Sachsen Klinger und Uhde zu erschrecken. Die fernere Entwickelung der Zustände hat Schumann mit sympathischem Interesse und in gewissenhaftem Studium verfolgt. Es war ein grosser Gewinn für Dresden, dass ein so ernster Mann in der Presse die Sache der Kunst vertrat. Man wusste von ihm, dass er mehr als einmal seine Existenz aufs Spiel gesetzt hatte, um seiner Überzeugung zu folgen. Seit 1887 wirkt neben ihm Ferdinand Avenarius in seinem verdienstvollen „Kunstwart", der in Dresden schon wohlthätigen Einfluss übte, als das moderne Berlin sich noch ohne eine Kunstzeitschrift behalf.

Unterdes war ein Vorstoss für die freie Entwickelung aus ganz unwahrscheinlicher Richtung gekommen: die staatlichen Beamten der Kunstverwaltung traten mit Wort und That für die lebende Kunst ein.

Es waren natürlich nicht mehr die in der alten Schule erwachsenen. Diese hatten, alt und müde, in rascher Folge vom Anfang der achtziger Jahre an den Schauplatz verlassen.

Wer heute die Gruppe der Männer überblickt, die das Ministerium an ihre Stelle rief, erhält den Eindruck, dass nach einem grossen und festen Plane verfahren wurde, denn trotz aller individueller Verschiedenheit ist der Typus der neuen Dresdener Kunstbeamten bei allen derselbe. Es sind Männer, die ihren Namen in der Behandlung alter Kunst errungen haben, die aber jeder gesunden modernen Künstlerindividualität, jeder frischen Bewegung zugethan sind und sich nicht scheuen, für ihre Überzeugung öffentlich einzutreten. Das ist der neue Typus der deutschen Kunstforscher. Als ich studierte, hiess es noch bei den meisten Jungen und Alten: Moderne Kunst giebt es nicht.

Diesen Männern, deren Namen weit über Dresden hinaus in aller Munde sind, verdankt die Stadt nicht nur die in rascher Folge bewerkstelligte Reorganisation der altberühmten Sammlungen, sondern auch deren energischen Anschluss an die lebende Kunst.

Karl Woermann, der zuerst Berufene, hat die Neuordnung der gesamten alten und modernen Galerie bewerkstelligt. Zum erstenmal kamen jetzt die bisher in Deutschland nicht genügend gewerteten Meister des achtzehnten Jahrhunderts, eine gerade in Dresden sehr stattliche Galerie, durch eine neue, geschlossene Aufstellung zu ihrem Recht, und der modernen Galerie ist durch Böcklin, Uhde, Klinger, Haug u. a. m. ein umfassenderes Gepräge verliehen. Als Schriftsteller hat Woermann in den schwebenden Fragen ein für weite Kreise entscheidendes Wort durch seine Schrift „Was uns die Kunstgeschichte lehrt" gesprochen.

Im Kupferstichkabinet hatte Max Lehrs die

Reorganisation durchzuführen. Und der Gelehrte, dessen neue Forschungsmethode das Gebiet der altdeutschen Kunst erhellt hatte, war bald als einer der ersten in Deutschland an der Arbeit, die modernen Meister zur Geltung zu bringen, und führte dadurch der Dresdener Künstlerschaft und den Dresdener Kunstfreunden ein unendlich anregendes neues Material zu. Nirgend in Deutschland ist das Kupferstichkabinet populärer als in Dresden, und seine Vierteljahrsausstellungen öffnen dem heimischen Künstler und Kunstfreunde immer neue Horizonte.

Auch Georg Treu, der die schwierige Aufgabe der Einrichtung des neuen Gipsmuseums und die noch schwierigere der Aufstellung des Antikenkabinets vorbildlich gelöst hat, indem er beim letzteren zum erstenmal systematisch mit den alten Restaurationen aufräumte und für die Ergänzung der fehlenden Glieder die Ergebnisse der jüngsten vergleichenden Forschungen zu Grunde legte, auch Treu, der Erforscher Olympias, ist nicht ein dem modernen Leben abgewandter Gelehrter. Er hat eine Abteilung für moderne Plastik gegründet und rüstig vermehrt und hat sich schon vor mehr als einem Jahrzehnt bemüht, für die Wiederaufnahme der farbigen Skulptur zu wirken. Die Frage: Sollen wir unsere Statuen bemalen? die er 1884 in der bekannten Broschüre aufwarf, hat seitdem, wie bekannt, eine unverhoffte Bejahung durch die That Max Klingers erfahren, dessen Salome und

Kassandra aus dem Leipziger Museum einen Wallfahrtsort machen.

In ähnlichem Sinne wird selbst an denjenigen Sammlungen in Dresden gearbeitet, die mit der modernen Produktion keine unmittelbare Berührung haben, dem Grünen Gewölbe, der historischen Sammlung, der Porzellansammlung.

Der Direktor des Dresdener Gewerbemuseums, Theodor Graff, hat seit Jahren für die Auffassung gewirkt, dass die dekorative Kunst nur im Anschluss an die lebende hohe Kunst und an das heutige Leben gedeihen kann.

Am Polytechnikum lehrt Cornelius Gurlitt, einer von den wenigen, die für den Durchbruch moderner Ideen in der Baukunst kämpfen — und noch für andere moderne Ideen in der Kunst nebenbei, und der die Erforschung der sächsischen Kunst zu seiner Lebensaufgabe gemacht hat. Von ähnlichen Gedanken ist auch der Architekt Rettich ausgegangen, der schon zu Ende der achtziger Jahre gegen die Alleinherrschaft der deutschen Renaissance zu Felde zog und für Dresden verlangte, dass der Privatbau sich nicht — nach Berliner Mustern — auf der Basis der Nürnberger Architektur entwickeln solle, sondern im Anschluss an die grossartigen und einfachen Formen der einheimischen Privatarchitektur des achtzehnten Jahrhunderts. Sein Gedanke war ebenso selbstverständlich und gesund, wie seine Propaganda erfolglos bleiben musste, solange die Baugesinnung noch den romantischen Charakter trägt.

Schon hat sich unter der Führung dieser dem Leben zugewandten Männer in Dresden eine neue Generation junger Historiker herangebildet, die, von denselben Tendenzen beseelt, für die Erforschung der alten heimischen Kunst und für eine lebendige Kunst lokalen Charakters eintritt und bereits angesehene Namen und Thaten aufzuweisen hat.

*

Den unmittelbaren Übergang zur Künstlerschaft bildet der Decernent für Kunstangelegenheiten, der Nachfolger Rossmanns, Woldemar von Seidlitz. Auch er kommt vom Studium der alten Kunst her. Seine historischen Studien über Schongauer und Rembrandt bewegen sich auf dem Boden unseres Volkstums, wo noch so viel unerledigte Arbeit des Forschers und Darstellers harrt. Aber in der Förderung der lebendigen Kräfte sieht er keine geringere Aufgabe, als in der Sorge für das Erbe der Vergangenheit. Dass ein Mann an seiner Stelle diese Gesinnung hegt, giebt allein schon Spielraum für die Entwickelung vieler Kräfte, die sonst gebunden wären. Dies gilt für die Ausbildung der Museen im modernen Sinne wie für die der Akademie und der Künstlerschaft, denn um ihn ist alles gruppiert. Man braucht nur einmal einen alten, von den Idealen einer vergangenen Epoche erfüllten Gelehrten als Decernenten in die Rechnung zu stellen, um sofort als Facit die Erstarrung des künstlerischen Lebens zu bekommen, das Gegenteil von dem, was in Dresden vor sich geht.

Wieviel nicht nur der Gesinnung, sondern auch der positiven Förderung des Decernenten zu danken ist, muss man die Dresdener Künstlerschaft fragen, vor allem die junge Gruppe des Vereins bildender Künstler von 1893, der im Publikum auch wohl den Namen einer Dresdener Secession führt.

Er selber nannte sich nicht so. Das bezeichnet den vorurteilslosen Geist, der in der Verbindung herrscht. Alle hatten zu schwer unter der akademischen Gleichmacherei gelitten, um, wie ihnen ihre Widersacher vorwarfen, eine neue Richtung zum Lebensprincip zu erheben. Denn das hätte zu einer neuen Tyrannei geführt. Freie Entwickelung jeder individuellen Begabung, die Entfaltung der Persönlichkeit, das ist der Grundsatz, der diese verschiedenartigen Individualitäten zusammenhält.

Und das ist das neue Princip im künstlerischen Leben Dresdens. Bis zum Jahre 1891, wo der Tod in dem Bildhauer Hähnel und dem Historienmaler Grosse die Hauptvertreter des starren akademischen Geistes wegriss, hatte das entgegengesetzte Princip in Dresden geherrscht. Mit unerbittlicher Strenge hatte die Akademie jede individuelle Regung unterdrückt. Möge die Schilderung der furchtbaren Massregelungen, von denen die Dresdener Künstler zu erzählen wissen, hier und da übertrieben sein, die Thatsache ist unleugbar, dass Dresden zu veröden begann. Die wenigen unabhängigen Kräfte waren drauf und dran auszuwandern, und überall wurden in Deutschland die jungen Talente gewarnt, nach Dresden zu gehen Wie für die segensreiche Wirkung der neuen Grundsätze, so bietet Dresden auch ein klassisches Beispiel für die Verödung, die eine mit drakonischen Mitteln aufrecht erhaltene einseitige Tradition anrichtet.

In den Nachfolgern Hähnels und Grosses, dem Bildhauer Robert Diez und dem Historienmaler Hermann Prell, die beide jung sind, findet die neue Generation, die nach der Beherrschung der künstlerischen Darstellungsmittel ringt, keine Widersacher mehr, sondern einsichtige Förderer aller ernsten Bestrebungen.

Wie überall, blieb der Kampf auch in Dresden nicht auf die Kreise der Künstler und Kunstforscher beschränkt. Die neuen Ankäufe der Galerie, Klingers Pietà, Uhdes Heilige Nacht, die Ausstellung der Werke Klingers entfesselten eine heftige Fehde, in der die Vertreter des Alten und die Verfechter des Neuen mit Zeitungsartikeln, Broschüren und Parlamentsdebatten gegeneinander zu Felde zogen.

Und wie überall zog dieser Kampf auf einem Seitengebiet die Aufmerksamkeit weiter Kreise, die vom eigentlich künstlerischen Schaffen nicht so bald berührt worden wären, auf die brennenden Fragen und spielte so eine segensreiche Rolle.

Aber wie überall werden die eigentlichen Siege da erfochten, wo die eigentlichen Niederlagen erlitten werden, auf dem Gebiete der Produktion. Nur die künstlerische That vermag jeden Einwurf endgültig zu widerlegen.

Der erste Anprall und seine nächsten Folgen sind nun auch für Dresden vorüber. Und wie in Paris und München der belebende Einfluss der Secession durch die Thatsache, dass die Vertreter des Alten sich in ihren Ausstellungen zu denselben Principien bekennen, die sie vor der Spaltung auf Leben und Tod bekämpft haben, jetzt öffentlich anerkannt wird, so ist nunmehr in Dresden der Zeitpunkt nicht fern, wo auch die ursprünglichen Gegner für die Anerkennung der freien Entwickelung gewonnen sein werden.

✳

Der Einfluss der Museen begann sehr bald auf den Kunsthandel zu wirken. Im Kupferstichkabinet wurde mit den jungen Kunsthistorikern auch der Sohn des Besitzers der Arnoldschen Hofkunsthandlung in das Fach eingeführt. Ein längerer Aufenthalt in London, wo ihn die Anleitung des feinsinnigen Otto Gutekunst förderte, führte ihn in die

Gepflogenheiten des grossen englischen und französischen Kunsthandels ein.

In London und Paris, und im Anschluss daran bis zu einem gewissen Grade auch schon in Berlin und München, hatte sich der Kunsthandel eine ganz neue Technik geschaffen, indem er das Ausstellungswesen in neue Bahnen lenkte. Dort ist eine grosse Kunsthandlung ohne Ausstellungsräume nicht mehr denkbar, und die Gesellschaft besucht die nach den mannigfachsten Gesichtspunkten veranstalteten Schaustellungen geringeren Umfanges bei den Kunsthändlern weit lieber und mit weit grösserem Gewinn als die uferlosen officiellen Jahresausstellungen.

Der Kunsthändler hat die Ellbogen frei, er braucht niemand zu konsultieren als seinen Geschmack und seine Witterung: bald stellt er das Lebenswerk eines Verstorbenen zusammen, eines Ringenden und Verkannten oder eines Jubilierenden, und es ist ihm gleich, ob es sich um einen Maler, Bildhauer oder Radierer handelt; bald zieht er einen Meister der verflossenen Epoche aus dem Dunkel, feiert Jahrestage, führt eine Zusammenstellung von einer begrenzten Zahl — hundert — Meisterwerken aller Epochen vor, um den Beweis zu erbringen, dass sich das Beste aller Zeiten mit dem Besten der lebenden Kunst verträgt. Es lässt sich nicht ermessen, wieviel die künstlerische Bildung z. B. der Pariser Sammler diesen Veranstaltungen des Kunsthandels verdankt, die auch auf die Ausbildung des Musealwesens erheblichen Einfluss gewonnen haben und hoffentlich in steigendem Masse gewinnen werden. Das letzte Glied in der Entwickelung dieser Unternehmungen des Kunsthandels bildet heute das kühne Vorgehen Bings in Paris, l'art nouveau.

Der junge Gutbier führte, von seiner Studienreise zurückgekehrt, die neuen Principien des Kunsthandels in Dresden ein. Seither haben die Sonderausstellungen der Arnoldschen Kunsthandlung über Dresden hinaus Aufsehen gemacht und in der Dresdener Gesellschaft ein Entgegenkommen gefunden, das ähnliche Veranstaltungen in Berlin, wie es scheint, nicht erringen konnten. Bei Arnold lernten die Dresdener an umfassendem Material die modernen englischen Radierer kennen, Whistler, Legros und die Schule, die sie und Herkomer gebildet haben, die englische Buchausstattung, den japanischen Holzschnitt und andere aktuell interessante Erscheinungen. Auch hier muss betont werden, dass die Dresdener Presse mit hervorragendem Verständnis und ernsthaftem Studium der neuen Erscheinung gegenübertrat.

So hat der Kunsthandel in Dresden jetzt einen Teil der Funktionen übernommen, die vor einem Jahrhundert die Agenten des Hofes in Paris ausübten.

Nicht so freundliches Entgegenkommen scheint M o r a v e gefunden zu haben, der mit grossen Opfern den „Salon Lichtenberg" in modernem Sinne zu entwickeln versuchte. Ihm dankt Dresden die erste Bekanntschaft mit Klinger als Maler und Bildhauer, mit L. von Hofmann und den Skandinaven; er wagte es, die Dresdener Secession vorzuführen. Aber es scheint, als ob für die fruchtbringende Entwickelung eines solchen Unternehmens in Dresden die Zeit noch nicht gekommen sei. Als Ganzes bietet das Dresdener Kunstleben heute das Schauspiel seltener Einmütigkeit der wirkenden Kräfte, und der Erfolg ist nicht ausgeblieben, trotzdem erst eine kurze Spanne Zeit nach neuen Zielen gestrebt wird. Und alles, was geschehen ist, geht von Vertretern oder Anhängern der jungen Kunst aus. Die eigensinnigen Verneiner und — soweit sie können — Vernichter des neuen Lebens haben dagegen keinerlei positive Leistung in die Wage zu werfen.

Diese Neubelebung der heimischen Produktion ist gerade jetzt von höchster ökonomischer Bedeutung für Dresden. In der vergangenen Epoche war es eine relativ wenig bemittelte Residenzstadt. Seit einigen Jahrzehnten haben sich die wirtschaftlichen Verhältnisse von Grund aus umgestaltet. Dresden ist heute eine reiche Stadt mit aufstrebender Tendenz. Wenn die Gesellschaft die günstigen Bedingungen, eine tiefe künstlerische Bildung zu erwerben, ausnutzt, so ist der Boden für eine sehr lebensfähige Lokalkunst vorhanden, die von Dresden allein getragen werden kann und den Export nicht braucht. Was bisher geschehen, bleibt als Ganzes für viele andere deutsche Städte ganz einfach vorbildlich.

DIE ELBBRÜCKE

Dresden steht, wie es scheint, vor einem unersetzlichen Verlust: die alte Elbbrücke muss den Bedürfnissen der Schiffahrt weichen, sie kann sich mit den Dampfern nicht vertragen. Die nächste Generation, vielleicht diese noch, wird eine Ingenieurbrücke auf zwei Pfeilern über den Fluss setzen sehen, wo seit dem zwölften Jahrhundert die alte Brücke mit so viel Füssen wie ein Scolopender sich an die Sohle des Flusses klammert. Schon hat sie an Wirkung eingebüsst, seit neben ihr noch drei neue Brücken über den Strom führen. Es war ein anderes Bild, als sich ihre gigantischen Bögen einsam von Ufer zu Ufer spannten.

Damals sprang das Wesen Dresdens als Stadt an der einzigen Brücke weit und breit unmittelbar ins Auge, und nachdrücklich wies die Lage des Schlosses auf die strategische und kommerzielle Bedeutung des Punktes hin. Es bildete nicht nur die Befestigung des Brückenkopfes; die Hauptstrasse, die von der Brücke in und durch die Stadt führte, ging — und geht heute noch — mitten durchs

Schloss, eine seltene und sehr charakteristische Anlage, die den Herrn des Schlosses als Herrn der
Brücke und der Stadt hinstellte. Vor der neuen
Brücke wird nun das Schloss nicht mehr so be-
deutungsvoll liegen.

Es kommt hinzu, dass die Elbbrücke, fast so
alt wie Dresden als eigentliche Stadt, das älteste
noch erhaltene Baudenkmal Dresdens ist, der einzige
Zeuge der mittelalterlichen Entwickelung, aus der
weder Kirche, Kloster, Palast noch Rathaus übrig-
geblieben ist. Dresden ist die Stadt des Barock
und Rokoko, selbst auf die Spätgotik und die
Renaissance weisen nur einzelne Privatbauten und
das Schloss. In der Silhouette der Stadt erinnert
nur der wundervolle Schlossturm an die Spät-
renaissance.

Mit den Dresdenern, die ihr bedeutendes historisches Monument und eins ihrer grössten malerischen
Kleinode aufgeben müssen, wird jeder trauern, der
das Bild der alten Elbbrücke in sich auf-
genommen hat.

LOKALISIERUNG
DER LANDSCHAFTSMALEREI

Wer im letzten Jahrzehnt die Dresdener Ausstellungen durchwandelte, konnte wohl die Frage
nicht unterdrücken, mit der man im Roman aus
einer Ohnmacht aufwacht: Wo bin ich? Und der
Inhalt der Ausstellung gab keine Antwort darauf.
Es war alles bodenlose und zeitlose Kunst.
Nur selten erinnerte ein Blatt daran, dass man in
demselben Lande stand, das vor nicht gar vielen
Jahrzehnten von Ludwig Richter für die Kunst entdeckt war, das in der Entwickelung des Landschafts-
gefühls der Deutschen schon vor ihm bei den
Romantikern eine so grosse Rolle gespielt hatte.
Der grosse Landschaftsmaler Friedrich hatte keine
Tradition hinterlassen. Der Stimmungsmaler Carus
und seine Bestrebungen waren vergessen.

Von all der unsagbaren Schönheit der majestä-
tischen Silhouette der Stadt und all ihrer malerischen
und grossartigen Ecken und Winkeln, von der alten
Elbbrücke vor allem, die doch wohl eine der

schönsten Brücken der Welt ist, wenn nicht die schönste, kaum ein Spur im Schaffen der Dresdener Künstler. Die Note Dresden und Sachsen fehlte so gut wie ganz. Und wenn man kopfschüttelnd die Ausstellung verlassen hatte, so ging einem der Eindruck den ganzen Tag nach. Man fühlte etwas wie eine Leere, ein Unbehagen, als ob man hungrig gewesen und von einem Mahle ungesättigt aufgestanden sei. Unwillkürlich pflegte man die Motive nachzuprüfen, ob man sie nicht überschätzt hätte, und fand sich Abend für Abend auf dem Belvedere oder auf dem Quai darunter ein, um den Anblick der wunderbaren alten Brücke in der Abenddämmerung zu geniessen. Wo hatten die Akademiker ihre Augen?

Seit einigen Jahren ist es anders geworden. Das junge Geschlecht hat sich auch in Dresden aufs neue der Stadt und ihrer Umgebung zugewandt. Im Sinne des modernen Gefühls, das das Einfache, Bescheidene liebt, hat es freilich zunächst die stillen Thäler aufgesucht, wo es etwas wie überall aussieht, aber das sächsische Land ist doch wieder da, und es wird nun nicht lange dauern, so wird das Gefühl für das Grosse auch wiedererwachen, das Grosse und Eigene, das das Elbthal hat und das bisher nur als Unterlage für Veduten gedient hat.

Dann kam Gotthardt Kuehl. Aus der Schilderung seiner Vaterstadt Lübeck, des verwandten alten Lüneburg, der malerischen alten Strassen und Innenräume Hamburgs, seiner holländischen Studien zu geschweigen, brachte er das Gefühl für die Eigenart der Stadt Dresden mit. Und nun setzte er das Werk fort, das um 1850 mit seinen Studien aus dem Zwinger Menzel einsam begonnen hatte, ohne in dem seitdem verflossenen halben Jahrhundert einen Nachfolger zu finden. Auf den Ausstellungen erschienen von Kuehl und seinen Schülern und Nachfolgern die ersten mit modernem Gefühl dem unerschöpflichen Schatz der architektonischen Schönheit Dresdens entrissenen Motive, und in letzter Stunde scheint in ihm auch für die Elbbrücke der Künstler aufzutreten, der der Nachwelt eine Vorstellung von der malerischen Schönheit des alten Wunderbaues erhalten wird. Auf der Jubiläumsausstellung des kommenden Jahres dürfte die Note Sachsen und Dresden mit starkem Klang ertönen.

MÜNCHEN

Es wird wohl — namentlich in Norddeutschland — von keiner Stadt im Reich mit solchem Enthusiasmus gesprochen, wie von München. Wir schwärmen für Nürnberg, wer Empfindung für Grösse und Charakter hat, hebt die Hände auf, wenn Augsburg genannt wird, das Wort Berlin wirkt auf die Nerven wie ein Trompetenstoss, Dresden erweckt Märchenträume, aber wenn der Name der bayerischen Hauptstadt genannt wird, leuchten die Augen auf, und liebe Erinnerungen erheben sich aus den dunkeln Tiefen der Seele und treten leuchtend über die Schwelle des Bewusstseins.

Wir können an München nicht denken, ohne dass über unsern Mund ein Lächeln fliegt. Es ist die heiterste deutsche Grossstadt. Ein Franzose, mit dem ich über die ernsten norddeutschen Städte nach München gekommen war, sagte am Abend des ersten Tages: Sonderbar, hier lacht alles.

Den Norddeutschen, der das intensive Volksleben Münchens zuerst auf sich wirken lässt, pflegt ein fast wehmütiges Gefühl zu beschleichen. Er fühlt sich unter Menschen, die das Leben anders

auffassen und geniessen, als seine Landsleute. Wenn
er die alten Kirchen besucht oder an der Marien-
säule vorübergeht, offenbart sich ihm eine Kraft
des religiösen Lebens und eine naive Unbeküm-
mertheit des Ausdrucks religiöser Stimmungen, die
ihn so mächtig ergreift, wie wenn er, das Kind der
Ebene, zum erstenmal lebendiges Gestein zu Tage
treten sieht. Auf Strassen und Plätzen, in den
Schankstuben und auf den Kellern hat er das Volk
als eine noch homogene Masse vor sich. Die
oberen Klassen scheinen ohne Hochmut, die
niederen ohne Demut oder Trotz, und alles mischt
sich ohne Zwang. Die einfachen Genüsse, die zu
Münchens Eigenart gehören, sind allen Ständen
gleichmässig zugänglich, und nirgend gähnt der tiefe
Abgrund zwischen Hoch und Niedrig, an den wir
im Norden gewöhnt sind. München ist trotz aller
Specialitätenbühnen und Wiener Cafés, die ihm in
den letzten Jahren so unorganisch aufgehängt worden sind, die im besten Sinne bäurische Hauptstadt eines Bauernstaates geblieben, und so ver-
standen ist das öffentliche Leben in München unter
allen unseren Grossstädten am meisten deutsch. Wenn
ich einem Engländer oder Franzosen die Eigenart
des ursprünglich deutschen Wesens fühlbar machen
wollte, habe ich ihn nach München geführt. Während
sich der Pariser in Berlin, erstaunt über das gross-
städtische Treiben, das alle seine Erwartungen
übertrifft, in einem unbekannten Stadtteil von Paris
wähnt, in München hat er unmittelbar die Em-

pfindung fremden und energisch ausgesprochenen Volkstums.

Das alles fühlt auch der Deutsche, wenn er an München denkt, aber es kommen zu dem eigenen Wesen der Stätte noch mancherlei Associationen, die ihm München lieb machen. Es ist eines der Thore, durch das er den Süden betritt, und es bietet ihm den ersten Gruss heimatlichen Lebens, wenn er zurückkehrt.

*

In München zeigen sich Kräfte wirksam, die in den übrigen deutschen Grossstädten kaum noch oder noch nicht wieder das öffentliche Leben und die Entwickelung des Stadtbildes beherrschen; der Fürst hat den unmittelbaren Einfluss auf die Ausgestaltung seiner Residenz noch nicht aufgegeben, während fast überall seit dem Anfang unseres Jahrhunderts dem Bürgertum der Ausbau der Stadt überlassen blieb; und die Münchener Stadtgemeinde hat sich ausdrücklich als Wächter und Mehrer der künstlerischen Schönheit des Stadtbildes proklamiert, was so entschieden meines Wissens in keiner anderen deutschen Stadt geschehen ist.

*

Den Fürsten unseres Jahrhunderts dankt
München auch die beiden Elemente, die es wohl-
habend gemacht und ihm auf einem der wichtigsten Gebiete der nationalen Produktion seit drei
Generationen die Führung gegeben haben: das Bier
und die Kunst. Wer das Bier lediglich vom engsten Stand-
punkte des Volkswirtschaftlers beurteilen wollte,
der würde die eine Hälfte seiner Funktionen übersehen. Das Bier hat sich vom allerkräftigsten
socialen Einfluss erwiesen. Seine Billigkeit sichert
ihm denselben Einfluss auf Arm und Reich. Die
Art des Konsums in Gesellschaft ausser dem Hause
bestimmt das öffentliche Leben Münchens. Und
mit dem Bier hat sich diese Münchener Lebensform selbst dahin verpflanzt, wo ursprünglich andere
Einrichtungen zu Hause waren. In Norddeutschland hält sich nur noch in den Hansestädten die
in den wohlhabenden Schichten ursprünglich auf
das Haus gestellte Form der Geselligkeit gegen
den Verkehr im Bierpalast. Und als Element
socialen Ausgleichs wirkt das Bier selbst in Berlin,
wenn auch nicht mit derselben Macht wie in
München. Freilich darf bei dieser Feststellung nicht
übersehen werden, dass, was im Norden vielfach
auf eine Verkümmerung des Lebens hinausläuft, im
Süden durchaus natürlich und notwendig erscheint.

Die Pflege der Kunst, nicht als Privatlieb-
haberei, sondern als eine öffentliche Angelegenheit,
hat kein anderes europäisches Herrscherhaus in
unserem Jahrhundert in so ununterbrochener Tradition, mit so kluger und energischer Hand und mit
solchem Erfolge geübt, wie das der Wittelsbacher.
Unter ungünstigen Bedingungen haben sie das edle
Reis gepflanzt und gepflegt, bis es Wurzel ge-
schlagen hat. Zwar der ursprüngliche Trieb der
grossen Monumentalkunst ist verdorrt, aber die
Wurzel hat nach allen Richtungen Wildlinge aus-
gesandt, die heute zu einem üppigen Hain ver-
wachsen sind: die Landschaft, das Genre, eine ganz
eigenartige Architektur und die moderne Karikatur
grossen Stils, die in keiner anderen deutschen Stadt
hat gedeihen wollen, und die unmittelbar aus der
Kartonzeichnung erwachsen ist, in München wie in
London, wo die Vollbilder des Punch heute noch
„Cartons" heissen und damit auf ihren fernen Zusammenhang mit der Schule der deutschen Nazarener
hinweisen.

Auch der Münchner Kunsthandel, der einen
grossen Teil des europäischen Marktes beherrscht,
geht auf Massregeln der Könige zurück. Schon
1845 besass München das umfangreiche Kunst-
ausstellungsgebäude am Königsplatz, und schon 1854
erhielt es den Glaspalast. Als mit der ersten Welt-
ausstellung von 1851 die Ära des modernen Aus-
stellungswesens eröffnet war, befand sich mithin
München vor allen deutschen Grossstädten in der

glücklichen Lage, über einen ständigen Ausstellungs-
palast zu verfügen. Überall sind in dem seither
verflossenen halben Jahrhundert Millionen für monumentale Bretterbuden vergeudet worden. Berlin
erhielt den Landesausstellungspalast am Lehrter
Bahnhof erst im Jahre 1886 nach der furchtbaren
Katastrophe, die in einer Viertelstunde die Hygiene-
ausstellung mit ihrem gesamten Inhalt eben vor
der Eröffnung verschlungen hatte. Dresden hat ein
ständiges Ausstellungsgebäude erst seit diesem Jahre
zur Verfügung. Hamburg, das einen Glaspalast
nötiger braucht als alle anderen Städte ausser
München und Berlin, ist heute noch nicht so weit
wie München vor fünfzig Jahren.

Ohne den Glaspalast aber hätte sich nicht
nur das Ausstellungswesen nicht entfalten können,
dem München seine beherrschende Stellung auf
dem Kunstmarkte verdankt, auch die Kunst hätte
ungünstigere Bedingungen gefunden. Denn zur
Zeit der Eröffnung des Glaspalastes war die Epoche
der Monumentalmalerei abgelaufen. Nicht mehr
boten die grossen Aufträge der Könige den zahl-
reichen Meistern und ihren Gehilfen die Mittel
zur Existenz. An ihre Stelle trat das Staffeleibild.
Wie hätte sich die Pilotyschule entwickeln können
ohne den Ausstellungsraum des Glaspalastes?

Und wie die Monumentalmalerei, die an den
Aufträgen der bayerischen Könige gross geworden
war, durch Cornelius und Kaulbach nach Berlin
verpflanzt wurde, so beherrschte die im Glaspalast

erstarkte Schule Pilotys ein Menschenalter hindurch ganz Deutschland bis in die kunstgewerbliche Produktion hinein, und durch Makart auch Wien und Österreich.

Seit dann die Einrichtung jährlicher internationaler Ausstellungen München neben Paris zum Hauptmarkt für moderne Kunst machte, hat auch der bayerische Staat durch reichliche Bewilligung von Mitteln zum Ankauf für die Staatssammlungen bewiesen, dass er den volkswirtschaftlichen Wert der Kunst und des Kunsthandels zu würdigen weiss. Aber mit dem Staat wetteifert immer noch der Fürst als Mäcen und als Käufer.

Mit dem Vorhandensein günstiger Ausstellungs- und Verkaufsverhältnisse hängt die erstaunliche Entwickelung der Münchner Künstlerschaft als Stand aufs engste zusammen. In keiner anderen deutschen Stadt, ja vielleicht überhaupt in keiner modernen Stadt, Paris nicht ausgenommen, hat der Künstlerstand in unserem Jahrhundert seine Interessen so energisch zur Geltung gebracht und eine so herrschende Rolle gespielt wie in München. Der Schriftsteller, der Musiker, der Forscher treten neben ihm an Einfluss und Popularität weit zurück.

Der Künstler allein war imstande, die Gunst der durch die Fürsten geschaffenen Lage auszunutzen. Prachtbauten aus vielen Jahrhunderten, unerhörte, seit Jahrhunderten aufgehäufte Kunstschätze in fürstlichem Besitz, ein anheimelndes Leben stauen den Fremdenstrom, der andere ebenso

günstig gelegene Verkehrsstädte wie Frankfurt un-
gehemmt durchfliesst; Fürst, Stadt und Staat sorgen
einmütig für die materiellen Grundlagen der Kunst.
Mit wie vielen günstigen Faktoren in München gerechnet werden darf, beweist das unter energischer
und sachverständiger Leitung so überaus glücklich
verlaufene Experiment der Secession. Wo wäre
ein solcher Erfolg in Deutschland ausserhalb Münchens möglich gewesen?

*

Auch in München aber hat der Stadtplan die
eingreifende Hand des Fürsten erst spät erfahren.
Was die Hohenzollern als absolute Herrscher im
vergangenen Jahrhundert bewerkstelligten, die Anlage grossräumiger neuer Stadtviertel, das haben
die Wittelsbacher in unserem Jahrhundert unter-
nommen. Seit Ludwig I. ist es eine Tradition der
bayerischen Regenten geworden, in die Stadt-
erweiterung mitbestimmend einzugreifen. Dies konnte
ein nicht mehr absoluter Fürst nur unter grossen
persönlichen Opfern ausführen.

Bis zum Anfang unseres Jahrhunderts war
München die enggedrängte Festungsstadt gewesen.
Wie überall hatte das feste Schloss des Fürsten
— der noch erhaltene „Alte Hof" — als Zwingburg ursprünglich am Rande der Stadt in der Befestigung gelegen. Erst im sechzehnten Jahrhundert

wurde die jetzige Residenz breit und bequem, den neuen Lebensbedürfnissen entsprechend, aber dabei wohlbefestigt wiederum am Rande des erweiterten Weichbildes angelegt: der Fürst musste sich auch im sechzehnten Jahrhundert die Freiheit des Verkehrs unter allen Umständen sichern. Das Schloss in der Stadt hätte ihn vom Wohlwollen der Bürgerschaft abhängig gemacht. Eine herrliche Gartenanlage, der heutige Hofgarten (dem Zwinger in Dresden, dem Lustgarten in Berlin, dem Königsplatz in Stuttgart gleichzusetzen) zeugte vom gesteigerten Lebens- und Luxusbedürfnis des Fürsten der Renaissance.

Es war für die Entwickelung der Stadt ein bestimmendes Ereignis, dass das absolute Fürstentum des siebzehnten und achtzehnten Jahrhunderts, als es sich im Gefühl völliger Sicherheit seine weitläufigen unbefestigten Sommersitze anlegte, diese nicht mit dem Winterschloss der Residenz in organischen Zusammenhang brachte, wie das in Paris mit den Tuilerien bereits im sechzehnten Jahrhundert geschehen war. Gleich Versailles liegen Schleissheim und Nymphenburg weit draussen, nur nach Nymphenburg ist München fast schon hinausgewachsen. Aber der direkte Zusammenhang mit dem Centrum fehlt. Man muss sich auf dem Stadtplan erst klar machen, dass die Briennerstrasse, die durch das Rondel des Karolinenplatzes unterbrochen und noch einmal durch die Propyläen des Königsplatzes abgesperrt wird, eigentlich die grosse

Verkehrsstrasse hätte sein sollen, die im Anschluss an ihre Fortsetzung, die Nymphenburger Strasse, vom Winterschloss nach dem Sommerschloss führt. Durch die Art der Anlage und Bebauung ist sie eine dem Strom des Verkehrs entrückte Gartenstrasse geworden.

Aber wenn auch die grossen Gartenanlagen eines fürstlichen Sommersitzes kein Bestandteil der neuen Stadt geworden sind, ein Äquivalent für den Tiergarten Berlins hat München durch die Fürsorge seiner Fürsten dennoch erhalten: den Englischen Garten hinter der Residenz und später auf dem rechten Isarufer die Maximiliansanlagen.

Der Englische Garten liegt ganz ausserhalb der grossen Strassenzüge. Keine Allee führt hindurch, wie durch den Berliner Tiergarten die Charlottenburger Chaussee, er bildet eine Enklave mit ziemlich schwierigem und verstecktem Zugang, und die schönen Wege und Fahrstrassen führen auf kein grosses Ziel. Diese Abgeschlossenheit und Einsamkeit machen seinen Charakter aus. Er ist ein Stück einsamer Natur mitten in der grossen Stadt.

Ludwig I., der Begründer von Neumünchen, führte die nach ihm benannte Hauptstrasse am Park entlang und errichtete die Palastreihe wie eine hegende Mauer davor. Das grossartige Strassennetz, das er angelegt und mit öffentlichen Plätzen und Monumentalbauten ausgestattet hat, wie man durch Schrittsteine den Weg über eine Furt markiert, ist heute fast ganz bebaut. Aber es ist nur eine Wohnstadt geworden. Das Leben hat noch nicht einmal die ganze Ludwigsstrasse erfüllt. Der Münchner schafft und geniesst immer noch an den Stätten des alten Stadtkerns.

Unter Maximilian wurde ein neuer Stadtteil angelegt, dessen Hauptstrasse ebenso wie die Ludwigstrasse vom Residenzkomplex abgeht, die Maximilianstrasse mit dem Maximilianeum als Abschluss einer grossen Perspektive. Hier ist der Ort, wo das ernste Experiment eines neuen Stils versucht wurde und missglückte. Doch dürfte die Nachwelt über viele dieser Bauten nicht mit dem überlegenen Lächeln urteilen, ohne das wir nicht auskommen.

Ludwigs II. grosse Pläne — der Sempersche Theaterbau wäre ohne grosse Strassenanlage als Zufahrt nicht zu denken gewesen — wurden bekanntlich vereitelt, und die Baufreudigkeit dieses Königs ist nicht der Hauptstadt zu gute gekommen. Was gäben wir darum, wäre der Theaterbau ausgeführt worden.

Heute hat der Prinzregent in aller Stille die Traditionen seiner Vorgänger wiederaufgenommen. Freilich nicht den Plan Ludwigs II., eine Triumphstrasse in der Verlängerung der Liebigstrasse über die Isar nach dem geplanten Festspielhaus auf dem hohen rechten Isarufer zu führen. Er ist weiter hinausgegangen und hat das Terrain des alten Triftgartens in der Niederung vor dem Englischen Garten benutzt. Auf die Initiative des Prinzregenten und unter namhafter Beihilfe aus seiner Privatschatulle hat der Magistrat die Strassenregulierung übernommen. Der Prinzregent bestritt die Kosten der Brücke über die Isar und der mächtigen Terrassen- und Treppenanlage am jenseitigen Ufer, die von beiden Seiten durch die Schleife der Auffahrt eingeschlossen wird. Noch fehlt das bekrönende Monumentalgebäude oberhalb der Terrasse, aber sonst sind alle Anlagen fertig, auch das Blumenparterre, das zu beiden Seiten der grauen Terrassenmauer sich erstreckt. Ein Springbrunnen bezeichnet den Mittelpunkt davor, die Brücke ist reich mit Bildhauerarbeit ausgestattet.

Von der Bogenhauser Terrasse geniesst man eine grossartige Aussicht über das breithingelagerte München. Wenn erst die würdige Verbindung der Prinzregenten- mit der Ludwigstrasse hergestellt ist, wenn monumentale Bauten die Strasse einfassen — das Nationalmuseum erhebt sich bereits an der Nordseite — dann wird dieser neue Stadtteil, die Prinzregentenstadt, den vornehmsten Trakt des modernen Münchens bilden.

In den letzten Jahren hat der Prinzregent auch dem Hofgarten besondere Pflege angedeihen lassen. Die Anlagen, die zuletzt nur noch aus einem Kiesgrund mit Bäumen und einigen verstopften Springbrunnen bestanden, sind mit regelmässigen Rasenflächen versehen, die Brunnen plätschern wieder mit starkem Strahl, und der entzückende Pavillon in der Mitte, eines der liebenswürdigsten Kunstwerke

Münchens und vor wenigen Jahren ganz verfallen, ist wieder in alter Schönheit hergestellt. Auch die verwitterten Arkaden mit ihren Fresken werden restauriert. Als ich zuerst wieder durch diesen schönen wohlumhegten Lustgarten wanderte, kam mir der Wunsch, er möchte nach alter Weise wieder als Blumengarten angelegt werden. Das gäbe ein wahres Kleinod mitten in der Grossstadt und wäre nirgend in Deutschland wiederzufinden. Die alten Pläne, die zu Grunde gelegt werden könnten, existieren ja noch. Was hätte die Münchener Jugend da zu malen!

✻

Wenn sich heute die Münchener Stadtverwaltung zu den künstlerischen Principien bekennt, die die Könige Bayerns in unserem Jahrhundert bethätigt haben, so rührt dies zweifellos von der Einwirkung dieses Vorbildes her. Nirgend hat sich so klar wie in München offenbart, was durch bewusste Kunstpflege sich erreichen lässt.

Was München als Stadtgemeinde plant, wird uns — hoffentlich recht bald — einmal von berufener Seite dargelegt werden. Es ist bekannt, dass bei der Gestaltung des Stadterweiterungsplanes künstlerische Rücksichten sehr stark mitgewirkt haben. Eine „Schönheitskommission", der u. a. Prof. Thiersch angehört, berät den Magistrat. Schon jetzt hat der Magistrat anzuregen beschlossen, dass an den Fassaden der öffentlichen wie der Privatgebäude Hausnamen, Porträtmedaillons der Stifter, Gedenktafeln und sonstiger zu Belebung des historischen Sinnes dienender künstlerischer Schmuck angebracht werden sollen. Das Stadtbauamt ist beauftragt, dieser Anregung nachzukommen, und das Stadtarchiv soll ein Verzeichnis der noch bestehenden älteren Gebäude Münchens aufstellen, die besondere Namen hatten oder besonderen Schmuck trugen, und soll mit den Besitzern über die Erneuerung verhandeln. Auch ist das Stadtarchiv als Auskunftsstelle bezeichnet für alle Bürger, die ihrem Neubau einen geeigneten künstlerischen Schmuck zu geben wünschen.

Diese Anknüpfung an die eigene Vergangenheit, die aus so vielen grossartigen alten Bauwerken spricht, wird dazu beitragen, München vor dem nivellierenden Einflusse zu bewahren, der, von Berlin ausgehend, in den norddeutschen Städten schon so verheerend zu wirken beginnt.

Übrigens hat ja eigentlich München im Verein mit anderen süddeutschen Städten den architektonischen Charakter des Berliner Strassenbildes bestimmt. Denn die deutsche Renaissance, die mit ihren Giebeln und Erkern das Stadtbild Berlins beherrscht, ist nicht eine Weiterentwickelung von Ideen der Schinkelschule, sondern ein Pflänzling aus Süddeutschland, der sich in dem neuen Boden üppiger entfaltet hat als in München selber. Hier hat die überladende Phantastik nur einen Moment geherrscht und sehr wenige dauernde Spuren hinterlassen. Unter der Führung künstlerisch empfindender Architekten wurde sehr früh ein edlerer Ton angeschlagen, indem man sich von dem Handwerkerstil der deutschen Renaissance zu dem Baumeisterstil des heimischen Barock wandte.

München ist in dieser Beziehung unbedingt ein Vorbild für viele deutsche Städte. Wie würden Dresden, Frankfurt, Hamburg aussehen, wenn ihre Entwickelung denselben Weg zurückgelegt hätte?

*

So trägt München, das heisst der heutige Kern der Stadt, auch dem ungeübten Blick unmittelbar verständlich die Züge seines doppelten Ursprungs. Eine Bürgerstadt und eine Fürstenstadt bestehen unverschmolzen nebeneinander.

Die Bürgerstadt mit ihren engen malerischen Strassen, hohen Giebelhäusern, dicht gedrängten Kirchen um den Marienplatz, den alten Rathausmarkt konzentriert, führt ein Leben für sich. Hier drängen sich Handel und Gewerbe zusammen, dies ist das München, das von der bäuerlichen Kundschaft der Stadt fast allein besucht wird, die die Königsstadt nur ungern und vorübergehend zu betreten pflegt, während umgekehrt der Durchschnittsfremde sich um die Bürgerstadt lange nicht genug bekümmert.

Daneben führt die Königsstadt, um die Ludwigstrasse gelagert, ein Leben ganz für sich. Hier sind die Läden sehr dünn gesät und meist auf das Bedürfnis des Reisenden zugeschnitten, der Andenken oder Luxusartikel sucht. Wenig Verkehr, die breiten geraden Strassen gehören dem Reisenden, dem Studenten und dem Beamten. In vornehmer Einsamkeit liegen die Glyptothek und die beiden Pinakotheken darin, deren Schätze im Bewusstsein aller Gebildeten Europas leben.

Hätte München dieselbe Entwickelung wie Berlin oder Paris erfahren, so müsste die Ludwigstrasse die Funktion der Friedrichsstrasse oder der Avenue des Champs Elysées ausüben. Etwas mehr ist durch seine Lage das obere Stück der Maximilianstrasse begünstigt.

Dieses Doppelleben Münchens — man wäre versucht, an das „doppelte Bewusstsein" zu denken — macht seinen eigenartigen Charakter aus. Für den fremden Besucher liegt ein feiner Genuss darin, diese zwei Stadtseelen auf sich wirken zu lassen. Wer München recht geniessen will, der gehe von der Bürgerstadt aus.

∗

Wie wird die Entwickelung sich in Zukunft abspielen?

Mit dem Fürsten als Förderer aller Kultur darf nach den grossen Traditionen des Hauses Wittelsbach sicher gerechnet werden. Die Stadtgemeinde wird den einmal beschrittenen Weg nicht mehr verlassen.

Nun gilt es, in dem wohlhabenden Bürger das Bewusstsein zu erwecken, dass es seine Pflicht und Schuldigkeit ist, nach Massgabe seiner Fähigkeiten und seiner Mittel für die heimische Kunst einzutreten.

Dieses Element fehlte bisher in München fast in demselben Grade wie in den anderen deutschen Grossstädten. An der enormen Summe, die der Münchener Kunstmarkt alljährlich umsetzt, ist der Münchener selbst nur mit einem geringen Bruchteil beteiligt. Und doch wären heute in dem reichen Bürgertum Münchens die Mittel vorhanden, eine grosse Lokalkunst zu tragen. Der Boden des Volkstums ist überaus günstig: hat nicht die Münchener Kunst bereits heute eine grössere Fülle wirklich lokaler Züge als die jeder anderen deutschen Stadt, Berlin nicht ausgenommen? Die deutsche Karikatur z. B., die ihren Sitz in München hat, hängt zweifellos mit dem schalkhaften Humor des bajuvarischen Stammes zusammen, wie er sich mit elementarer Kraft im Schnadahüpfl Luft macht.

In der nächsten Generation dürfte sich auch in der Bevölkerung ein Umschwung vollziehen von

der modernen Bourgeoisie, einem kunst- und kultur-
feindlichen Element, in dem die materiellen Instinkte
vorwiegen, zum Bürgertum, das edle Bedürfnisse
hegt und seine Mittel grossen Kulturaufgaben wid-
met. Schon wächst in München, wie überall, eine
Jugend heran, die eine neue, künstlerische Bildung
unbewusst einsaugt, und die nach Kunst und Kultur
Hunger fühlt wie nach leiblicher Nahrung. Dieses
Geschlecht wird für Haus und Heimat die grossen
Traditionen seines Fürstenhauses freudigen Herzens
aufnehmen.

STUTTGART

... Für eine halbe Stunde hat Stuttgart an jedem Sommertag ein wirkliches Forum. Mittags bei der Militärmusik trifft auf dem Königsplatz die ganze Gesellschaft zusammen.

Es blühen gerade die mächtigen Kastanien, die ihn einschliessen. Sie tragen so viele weisse Blumen wie Blätter, und die herrlichen Blumenrabatten stehen in vollem Flor. In der weichen Frühlingsluft fühlt man sich hier vor jedem rauhen Winde geschützt, denn prachtvolle Monumentalbauten hegen den Platz an allen Seiten ein. Über ihren Dächern sieht man Häusermassen sich auf die Berglehnen drängen, einzelne Villen wagen sich höher hinauf, und von oben lugen die roten Häupter der Hügel herab. Ein köstlicher Fleck Erde.

Wie ich mit Freund Lehrs behaglich im Strom der plaudernden oder lauschenden Gesellschaft schlenderte, das Auge von der Schönheit der Scenerie erfüllt, mit dem Ohr halb unbewusst die anregenden Rhythmen eines Musikstückes aufnehmend, schoss mir plötzlich die Umgebung des Platzes zu einem überwältigenden Bild der modernen Kulturgeschichte zusammen.

Der Königsplatz in Stuttgart dürfte an Geschlossenheit des historischen Ensemble und an
typischer Deutlichkeit seiner Teile in der That kaum
seinesgleichen finden.
Jede Seite stellt eine andere Phase der Entwickelung dar, vom Kampf des mittelalterlichen Fürsten
bis auf die breite Sicherheit der modernen Bourgeoisie.

*

Der Königsplatz gehört in die Kategorie der
zweiten — fürstlichen — Stadtcentren. Das bürgerliche erste mit Markt und Rathaus liegt weiter unten
in der älteren Stadt.

Er ist wie der Zwinger in Dresden, der Hofgarten in München und der Lustgarten in Berlin
ursprünglich ein fürstlicher Garten der Spätrenais-
sance. Aber sein Schicksal ist ein ganz anderes.
Während der Zwinger ein einsames Stück eingehegten
Gartens bildet, fast ausschliesslich von staunenden
Fremden besucht, der Lustgarten in Berlin von
hastigen Passanten zur Abkürzung des Weges durch-
eilt wird, und der Münchener Hofgarten als lauschiges
Plätzchen einen Annex der Arkadencafés bildet,
auf dem sich die Münchener Gesellschaft an Kaffee-
tischen sonnt, ist der Königsplatz der Mittelpunkt
des städtischen Lebens geworden, das Forum, auf
dem sich alle ergehen und begegnen.

Nach der Seite der alten Stadt wird der Platz durch das Gemäuer der ehemaligen Herzogsburg abgeschlossen, die mit Erkern und Giebeln und stumpfroten Dächern über die grünen Kastanien wegschaut, und deren düsteres Eingangsthor in der schlichten, fensterlosen Wand — die Fenster fingen früher erst im dritten Stock an — sich als dunkel gähnender Schatten in der Mauermasse aufthut. Man sieht es von weitem durch die Stämme der Kastanien.

Noch sind die Spuren der Gräben da. Es war eine richtige Festung, zuletzt im sechzehnten Jahrhundert umgebaut, trotzig nach aussen und den, der durch das finstere Thor tritt, mit einem heiteren, festlichen Hofraum überraschend, nach dessen Loggien sich einst das intime Leben der Bewohner öffnete. Das Äussere ist ganz deutsch, das Innere offenbart den Import italienischer Kultur.

Von dieser hart an die Mauer der Stadt gebauten Burg haben die Herzöge die Stadt beherrscht, von hier den Uradel des Landes bezwungen und fast ausgerottet. Der neue Adel, den sie schufen, trägt neben den aristokratischen Ortsnamen häufig noch den bürgerlichen seines Ursprunges.

Von dem modernen Königsplatz aus mit seiner Regelmässigkeit und seinem modernen Leben gelangt man durch diese Burg mit zwei Schritten in das Nürnberg der alten Stadt mit Erkern und Giebeln und allerlei lustigen und malerischen Winkeln. Namentlich gegen Abend hat diese nächste Umgebung der Burg auf der Stadtseite etwas wunderbar Altertümliches, Geschlossenes, Stimmungsvolles. Es ist eine Insel, vom modernen Leben umwogt und unberührt, in seiner Existenz auch heute noch von der Burg geschützt.

❊

Das ist die Stadtseite. Die Burg ist ein längst überwundener Standpunkt, und der Lustgarten wurde als Königsplatz auf ihren Nachfolger, das Residenzschloss, orientiert.

Als im vergangenen Jahrhundert die Fürsten keine festen Burgen, in denen sie eine kleine Belagerung behaglich aushalten konnten, mehr nötig hatten, gaben sie dem Gefühl ihrer Sicherheit und dem Bewusstsein ihrer Selbstherrlichkeit durch den Bau der Residenz Ausdruck. Wie ihre Politik und Lebenshaltung, nahmen sie auch ihren Baustil aus Frankreich.

Kein Wall, kein Graben, nicht einmal ein Gitter umhegt den mächtig gelagerten Bau mit dem stattlichen corps de logis und den breiten vorspringenden Flügeln, die den offenen Hof einhegen.

Wo in den dicken Elefantenmauern der Burg und in ihren trotzigen Türmen weit hinauf ursprünglich nur Luglöcher sassen, hat die Residenz schon im Erdgeschoss ihre Enfiladen grosser, bis zum Boden reichender Fenster, die weder bei Revolten noch bei den geringsten Putschen irgend eine Verteidigung denkbar machen. Dergleichen Möglichkeiten haben freilich am Horizont der Absoluten um 1750 nicht gedämmert.

Wer nichts als die streng geschlossene Burg mit ihrer inwendigen Fassade und die Residenz mit ihrem breit geöffneten Hof als die Wohnsitze der Fürsten um 1600 und um 1750 zum Ausgangspunkt nähme, könnte sich aus ihren Daten die ganz entgegengesetzten Lebensformen der Fürsten dieser Zeitalter aufbauen. Kampf ist die Signatur des einen, Behagen und Genuss der Macht die der anderen.

Es scheint fast unverständlich, dass ein Herzog im kleinen Württemberg ein Palais nötig hatte, das selbst in Paris grosse Figur machen würde. Der Fürst hatte damals eben alle Kräfte des Landes um sich zusammengezogen. Er lebte für das ganze Land, und alles lebte durch ihn und um ihn herum.

Das hat sich heute geändert. Der gegenwärtige König ist in dem bescheidenen Hause wohnen geblieben, das er als Kronprinz inne gehabt hat. Er füllt mit dem Train seines täglichen Lebens die Residenz seiner absoluten Vorfahren nicht mehr aus. Sie dient ihm zu Repräsentationsszwecken.

Somit ist auch sie nun historisiert, die leere Hülle einer ausgestorbenen Daseinsform: des absoluten Fürsten. Der Park, der zur Residenz gehörte, ist längst durch eine Fahrstrasse abgetrennt und dem neuen Faktor überlassen, der heute gemeinsam mit dem Fürsten die Gewalt in den Händen hat, dem Bürger.

*

Und auch diese neue Macht hat am Königsplatz der Residenz gegenüber ihren monumentalen Ausdruck gesucht. Es ist die übermächtige Säulenhalle des Königsbaus, der eigentlich Bürgerbau heissen sollte und seinen Namen einer höflichen Huldigung der neuen Macht an die zurücktretende alte verdankt. Von weitem sieht die mächtige Kolonnade aus, als gehörte sie der grossen Diana der Epheser. Kommt man näher, so entdeckt man hinter den Riesensäulen kleine Butiken von Barbieren und Tabakshändlern.

Aber einem Gott ist der Bau oberhalb dieser kleinen Buden doch geweiht, dem einzigen, dessen Macht der Mensch der bürgerlichen Kulturepoche im tiefsten Herzen fühlte, Apollo, dem Schützer der Musik. Über den Butiken liegen grosse Festsäle, die namentlich für die Musikfeste disponiert sind.

Sehr merkwürdig ist der künstlerische Gehalt des Gebäudes, der auf den ersten Blick den Ursprung in einer schlecht equilibrierten Zeit enthüllt, in seiner Masslosigkeit und Kleinlichkeit ein sprechender Gegensatz zu der Residenz gegenüber, in der alles Mass, Rhythmus, Proportion ist und Selbstsicherheit und Zweckdienlichkeit verrät. Beim Königsbau sind die Säulen zu lang, die Ornamente entweder zu gross oder zu winzig, die Kapitelle masslos gross unter ganz kleinen Giebeln. Das Ganze ein Nutzbau hinter einer ungeheuren Dekoration verborgen mit der bürgerlichen Devise: Kunst und Verzinsung. Wer möchte ihn aber an diesem Orte missen?

*

Die vierte Seite hat nicht die Einheit der übrigen.

In der Ecke am Schloss liegt die Oper, ein Übergangsbau aus der Zeit, da Fürsten und Volk um die Verfassung rangen. Es ist eine Koncession an das Bürgertum. Der Fürst hatte schon die Kunst nicht mehr für sich allein. Aber noch verbindet eine Galerie — ein Faktum und ein Symbol — das Opernhaus mit der Residenz und macht aus dem freistehenden Gebäude, in das die bürgerliche Gesellschaft aller Stände einströmt, einen Anhang an das Königsschloss. Früher stand an dieser Stelle das berühmte Lusthaus der Herzöge, vielleicht der schönste Bau der deutschen Renaissance, dessen Abbruch ein nationaler Verlust war.

Neben der Oper lagen bis vor kurzem kleine

Häuser, die einer Seitenlinie des Königshauses gehören. Jetzt sind sie niedergerissen, und an ihrer Stelle erhebt sich ein grosses Zinshaus, unten mit Prachtsälen für ein Café, oben mit Bankieretagen. Das Ganze mit Kuppeln und Mansarden eine Imitation fürstlicher Schlösser des vergangenen Jahrhunderts, aber diesen Vorbildern nach der Seite der Verhältnisse und der Formen nicht wesentlich näher als der Königsbau seinen antiken Vorbildern. Das Bürgertum schmückt sich mit den Fetzen fürstlicher Pracht. Alles ist Symbol.

So ist der steinerne Ring der Geschichte, der den Platz umhegt, geschlossen. Eine neue Evolution der Dinge, die einmal kommen wird, kann hier nichts mehr hinzufügen.

DIE SOLITUDE

... Letzten Sonntag machten wir einen Ausflug nach der Solitude, dem im tiefen Walde gelegenen Lustschloss der alten Herzöge.

Es war ein schöner heisser Tag. Meilenweit ging es langsam durch geschlossene Waldbestände hinan, bis wir vor dem Schloss ans Licht kamen und vor dem weiten Blick über Berg und Thal aufatmeten.

Das Schloss, nicht sehr gross, liegt auf einem riesigen Unterbau mit tiefen grottenartigen Hallen, die bei der Sonnenhitze einen labenden Unterschlupf gewähren.

Oben in den Sälen und Zimmern ist die Rokokodekoration noch erhalten. Man wird an die Pavillons im Park von Nymphenburg erinnert.

Im Halbkreis ziehen sich hinten um den Schlosshof die niedrigen alten Kavalier- und Dienerwohnungen. Der Fürst wohnte in ihrer Mitte, auf dem kolossalen Unterbau wie auf einem Throne lebend.

9*

Solitude — Sanssouci — Ermitage — das drückt die tiefste Sehnsucht des von der Repräsentation erdrückten absoluten Fürsten aus.

Wiederum die leere Hülle einer untergegangenen Lebensform.

Und das liegt kein Jahrhundert hinter uns und ist ohne Bruch von uns getrennt. Es leben noch Menschen, in deren Kindheit es zu Recht bestand.

Wenn das Gemüt und die Ideen gewandelt sind, ändern sich die Zustände von selbst. Will man erst die Zustände ändern, so festigt man die vorhandenen Tendenzen.